回归教育
本真

江汉魅力教师书系

江汉魅力教师书系编委会○编

让每一颗
种子向阳而生

长江出版传媒

长江文艺出版社

●万松园路小学德育课

●大兴路小学师生共读

● 天一街小学放学后开心奔向家长的孩子们

● 黄陂街小学老师课间批改作业

长港路小学
Chang Gang Lu Xiao xue

编委会名单

顾　　问：唐一飞

主　　编：张惠君

副 主 编：邓晓玉　陈　怡　应　兰

执行主编：吴慧晶　李　琼　官芯源

出版前言

教育以人为本，皆在培养身心健康和谐发展的人。法国十八世纪启蒙主义思想家卢梭提出过一个精辟的观点——"教育即生长"，他认为儿童的发展应遵循其自然的、内在的成长规律，教育要服从自然的永恒法则，适应儿童的天性发展。这于今天仍具有积极的现实意义。当下学校办学，回归教育本真，遵循教育规律，按教育规律办事应成为常态。

教育面向未来，培养社会发展需要的人。2016年，教育部发文要求教育应培养"全面发展的人"，学生应具备人文底蕴、科学精神、学会学习、健康生活、责任担当、实践创新六大素养，明确了学生应具备的、能够适应终身发展和社会发展需要的必备品格和关键能力。

小学教育是整个教育的基础，是基础教育的重要组成部分。小学阶段如何基于本色、培养学生核心素养，武汉市江汉区做了积极的探索。江汉区教育局自2010年起开展本色教育研究，探索出了一系列"本色教育"的教学实践策略，开发了许多区域课程，出版了大量本色德育教材等等。此外，在这静水深流的几年时间里，江汉区涌现出了许多拥有先进的教育思想、饱满的工作热情、朴素的育人情怀以及勇于超越自我的优秀教师。《回归教育本真——江汉魅力教师》系列丛书就是这些奋战在小学教育一线各个不同岗位的学科教师、班主任、管理者的作品，集中展现了他们的所思所想所得。希望本套丛书能不断激发教师专业发展的内动力，推动教师队伍的发展；也希望本套丛书能给广大教育工作者提供些许有益的启发和借鉴。

目 录
CONTENTS

让 每 一 颗 种 子 向 阳 而 生

爱的修炼

让 每 一 颗 种 子 向 阳 而 生

爱的班级

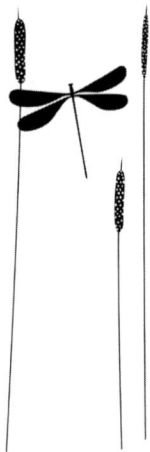

爱的修炼

温暖，存在感

——让每一颗种子向阳而生

天一街小学　胡雪菲

案例背景

也许，每个特殊的孩子都是一颗冰封的种子。就像聪聪。二年级的聪聪，每次遇到一点点小事就又哭又闹、又打又踢，闹得不可开交，也造成了家长和学校之间的种种误会，就这样成了老师、同学心目中的"特殊学生"。还有哲哲，常常为一点点小事一哭就是一节课甚至一中午，谁也劝不住他。面对这样的孩子，学校应该怎么办呢？学校的大门应该永远对每一个孩子、每一个家庭敞开，越是特殊的学生，越需要教育。学校应该通过关怀与悦纳去改变他们。他们为什么"特殊"？当我们沿着这个问题去思索，才能找到打开心灵之门的钥匙，让教育的力量如阳光般温暖；才能解冻冰封的种子，催开芬芳的花朵，迎来成长的春天。

案例描述

　　有时，教育的契机就在不经意的瞬间。有一天课间我到二（4）班去，想请个孩子去门房拿功能室的钥匙，站在门口一喊，一群孩子围过来，举着手说："胡老师，我去！胡老师，我去！"没想到聪聪也和大家一样，嚷着要给我帮忙，手都快要举到我的鼻子上了——前两天他还在地上打滚，用通红、仇视的眼神看着试图阻止他的老师们呢！而此刻，他的眼中充满了期待，甚至焦急，几乎要哭出来。

　　我突然意识到，他比任何一个孩子都渴望得到这次给老师帮忙的机会，仅仅只是因为他的内心无比渴望得到一份信任和肯定啊！此刻的他，又是一个多么单纯热情的孩子。一瞬间，我被他打动了，毫不犹豫地拍了一下他举得高高的小手，说："好！就你了！"那一刻，我顾不得担心他会不会调皮、会不会出纰漏……当他要走出教室，我叫住他："聪聪，胡老师看出了你是个非常乐于做好事、乐于助人的孩子，你一定能快去快回，不做别的事，很好地完成任务，对吗？"他用力地点点头并回我："嗯！""那好，胡老师在这里等你。去吧，别跑。"不一会，他把钥匙送到了我手中。我想，我拥有了一把打开他心锁的钥匙——聪聪为什么"特殊"？也许是他被肯定、被认同、被需要的太少；被否定、被贬责、被弃置的太多。接下来，我要用这把钥匙打开他的心门，让他知道，我相信他，让他感到温暖与存在感。

后来的几天，只要我看见聪聪，一定请他帮我一点小忙："聪聪，胡老师的本子要掉了，快帮我拿几本！"聪聪总是非常享受我对他说"谢谢！幸亏碰到你"！再后来，只要他看见我，一定笑容满面地大声对我喊："胡老师好！"每次我都很真诚地回应他，有时候还摸摸他的头，有时候还和他聊聊天："你今天乖不乖呀？"我惊奇地发现，他会很认真地回答我，乖或是有点不乖。为什么不乖？今天过早扯皮了不乖，和同学闹了一点小矛盾不乖……我很欣慰，他再也不像以前那样跟老师对抗了，甚至懂得从他人的角度看问题了。

过了几天，我接到聪聪妈妈的QQ留言，说孩子想当小广播员，想为班集体争荣誉。这不正是我们所期盼的吗？那一周，为了当好小广播员，聪聪每天课间都来找我修改他的"广播稿"。播音那天，看着他认认真真、一丝不苟的样子，我想，这还是那个倔强执拗、乖戾无常的聪聪吗？

案例反思

聪聪已经读三年级了。现在他即使和同学发生矛盾，也能做到为别人着想，用合适的方式解决问题、表达情绪，不再任性。而在他的眼中，再也看不到以往的冷漠、仇恨，取而代之的是平和而宁静的目光。我想，当我们用这样的目光注视他时，他便会投射以相同的目光。且称它为"镜子效应"吧。当聪聪被肯定、被认同、被需要，他便对身边的人和事抱以同样的肯定、认同与需要。当"对抗"变成"需要"，"冷漠"变成"温暖"，就像阳光照进心扉，那颗冰封的"真善美"的种子便释放蛰伏的力量，蓬蓬勃勃、欣欣然然地生长起来。

教育者应该有一双"善解人意"的眼睛，去发现"特殊"背后的隐情。记得某个心理学家说过，每个人都有一个"情绪的盒子"，当这个盒子空了，便会出现"情绪问题"。如果孩子只是想要得到更多的关注，那么，为何不给予呢？给予他们温暖的目光，像和风吹过原野，将无边的风暴化解；像细雨滋润大地，让心田更加水草丰美。有诗曰："阳春布德泽，万物生光辉。"老师的心愿就是让每一个"特殊"或是"不特殊"的孩子向阳而生，收获一整个春天。

聪聪生日这天，全班同学和全校老师都一起分享了聪聪带来的生日蛋糕、瓜子和糖果，大家纷纷为他送上温馨的祝福。这份快乐应该是他最珍惜的生日礼物吧。当我通过"家委会 QQ 群"为他送上祝福时，很快收到了聪聪妈妈的回复："他这学期进步非常大！这都要感谢学校老师和同学们的关心！谢谢。"家长质朴的话语情真意切，一声"谢谢"也融化了家、校之间的坚冰。当然，最值得欣慰的，还是聪聪本身的变化。

在"共同关注"中成长

天一街小学　许鸿

案例背景

　　翻看着与孩子一起书写的《共同关注》，孩子们成长的故事一一浮现在我的脑海里，而其中令我印象最深的，则是刘浩然（化名）的故事。

　　刘浩然，一个胖胖的小男孩，人特别聪明。他声音洪亮，但从来不好好说话。他的肚子里好像有充足的"气"，他爱生气、爱斗气、爱置气，对谁都是一副无所谓的样子，对谁都要打击报复一番。看到同学摔倒了，他会哈哈大笑；看到同学打架了，他会在一旁喊"加油"；班级的事情他做得极不情愿；抽屉永远是塞得满满的；同学们为某件事情高兴时，他一声"切"，煞足了风景；最令人头疼的是，他那拖拉、磨蹭的劲儿，字写得无法认清，做作业对他来说，简直就是一种折磨。

　　几次家访后，我得知，由于爸爸性格粗暴、贪玩、不顾家，爸妈在他小时候就离婚了，孩子和没有文化的奶奶生活在一起。妈妈为了生活，在武昌租房、打工，一时顾及不了孩子。就是在这样缺少关爱的环境中，孩子养成了一些不良的习惯。

课堂上，老师问："同学们，此时此刻，你们有什么想法？"同学们纷纷发言，而他摸摸脑袋，"冷静"地说："此时，我没有想法。"当老师问道："同学们，你们长大想干什么啊？"其他孩子深情地展望着自己的未来，他却低垂着头，说："我没什么追求，长大后，我就想平平静静地过日子。"

"真实，有自己独特的想法，敢于表达自我"，我在这个"玩世不恭"的孩子身上发现了他与众不同的特质。

案例描述

五年级时，我开始和孩子们一起写《共同关注》，每周一篇。我以一个班主任的视角来关注孩子，记录学校发生的典型事例，孩子以他们的视角来观察校园生活。

最开始，刘浩然不愿意写，《共同关注》上只有妈妈的留言。她妈妈的留言很认真，我在全班朗读了他妈妈的留言。他有些意外，慢慢地开始动笔写。他的语言风格一如他的性格：直白，有黑色幽默，里面也不乏生动的描述。

我又在全班评点了刘浩然的留言。老师的肯定，让他的心开始"活络"起来。这个聪明孩子开始学着老师的方式观察同学。

2014 年 9 月 8 日

刘浩然：我以前从没发现他们原来这么可爱啊！

妈妈：新的学期，孩子比以前更听话了，能替家长分担一些。

2014 年 9 月 14 日

刘浩然：他俩课间时打架，影响了我们美好的课间休息时间。我制止了他们，他们不服气，说我有病。我瞪大眼睛回答说："我在为民除害，你们有意见？"他们居然像看见老师一样，异口同声地说："没意见。"从那以后，教室安静了许多。

妈妈：今天，孩子跟我说，胡老师不光关心他们的数学成绩，还关心他们其他学科的成绩，告诉他们不能偏科。我惊喜地发现，孩子竟然用"关心"一词以及很平和的语气跟我说这件事，要换作以前，孩子一定会很气愤地说，老师多管闲事。我顺势引导孩子，孩子坚定地点着头。

刘浩然的《共同关注》越写越好了，我把他的作业贴在黑板上，让孩子们课间时，好好阅读、学习。于是，他一发不可收拾，每一次的《共同关注》作业都尽心完成。

2014 年 9 月 24 日

今天语文课，小个子甘印伍朗诵了课文《雷锋之歌》，令我刮目相看，他进步得也太神速了吧！

大课间时，大家都在踢毽子，徐浩不小心把毽子踢到我脸上，而我正在喝水，这家伙弄得我满身都是水。我一气之下，把他的毽子的毛全部拔了，才还给他。当时，他差一点气哭了。哎，现在想想，我有些过分。

2014 年 10 月 12 日

今天王蝶的数学作业受到了胡老师的表扬。看到她的作业，我和小伙伴们都惊呆了，平时老挨批评的王蝶竟然"笨鸟先飞"了。

2014 年 10 月 19 日

周五时，我把周逸炫狠踢了几脚，为此我要说声对不起。不过，令我惊叹的是，她不但没有打我，也没有骂我一句，真是让我羞愧啊！

2014 年 11 月 2 日

今天我和妈妈一起去"大娘水饺"吃饭，妈妈给我点了一份牛排水饺。令我困惑的是，妈妈把我吃剩的汤喝了。我不解地问妈妈为什么不再买一份来吃呢。说她穷吧，好像也不至于穷成这样。说她小气吧，好像也不对。后来我才知道，妈妈舍不得用钱，是因为，我在成长、在求学，她得不停地给我买衣服、鞋子、学习用品……还有新房子的贷款要还……要花钱的地方太多了。我真要多体谅一些妈妈了。

2014 年 11 月 9 日

刘浩然：最近我表现得不咋地，对座位下的垃圾视而不见，作业完成得很不到位，全是在瞎蒙。为此，我感到非常抱歉，也希望许老师能再给我一次表现的机会。

妈妈：没有谁愿意当"坏孩子"，我们做家长的，要尽量多陪伴孩子，这样才能发现孩子的进步，并给予肯定，孩子才会进步。

2014 年 11 月 5 日

许老师，您带给我们的书，我可喜欢了，您把自己女儿的书送给我们，她会不会有意见呢？如果她没意见，我就安心了。我有一个小小的请求，您能不能加我为好友呢？如果可以的话，我的QQ号是2820707411，是不是很好记呢？

今天我又回到了第三排的座位，这令我非常激动、得意、沾沾自喜。至于我那些不良的生活习惯、学习习惯，比如喜欢抄人家的作业，不注意座位的卫生，上课还喜欢画娃娃……我会时刻提醒自己改正的，您看着吧。

当看到刘浩然在文中称我为"您"时，我有些小激动了……

2014 年 12 月 14 日

我突然觉得自己变得能干起来，人也好像变帅了。我觉得这离不开您和妈妈对我的期盼和教导。我知道这话说出来，有些怪怪的，太不好意思了！

2015年1月7日

刘浩然：新的一年新气象，祝许老师在新的一年健康如意，越活越年轻，越来越漂亮。

妈妈：相对上学期，孩子还是进步不小的，虽然这个进步不一定体现在成绩上。他对身边的人和事，对学习的态度有了很大的转变。这让我很欣喜。我知道，没有一个孩子愿意做"坏孩子"，在通往全面发展的道路上，我和孩子还需不断努力。

2015年3月15日

回到家，妈妈告诉我要少吃多运动，以后她要严格控制我的饮食。哎，好伤感，但没有办法，为了以后还能吃到好吃的，我只有减肥、减肥、不断地减肥。这样才能让自己有一副强壮的体魄，才能做更多有趣、有意义的事情。

2015年4月15日

（摘自同学的日记）刘浩然来了，我朝他望了一眼，他似乎从我的眼神中看出了什么，连忙放下书包，翻找着作业，然后把作业整齐地放到我的桌上，等我检查。我看出他有些紧张，可能他的作业做得不够好，心虚吧。但是，我看到他的作业时，惊讶极了，他的作业不但写了，而且，内容很完整。我不禁调侃道："刘浩然，不错啊！""呵呵，你放心，以后令你刮目相看的事情多着呢！"

2015年5月16日

今天老师又在《共同关注》里表扬了我，别的同学都是费了好大的力，才得到表扬，而我仅仅就是按老师的要求，一步步地完成了自己的任务。说句实话，每天的任务其实都不难，现在对我来说都是小菜一碟，因为，作业都是老师在课堂上讲过的，只要听了就肯定会做。虽然，不知道能不能赶上其他的同学，不过，我会努力的。有句名言说得好："如果先天赶不上别人，就用后天的努力超越所有人。"虽然不知道是谁写的，但我会照做的。

案例反思

这就是刘浩然同学的成长故事，他的故事让我触动很大，他的成长让我们看到学生愿意接受教师的教导，向健康、阳光的方向发展，是因为教师与他建立了连接。与一名学生建立连接的方法很简单——持续地关注他、欣赏他、鼓励与支持他。没有人会抗拒这种力量，士为知己者死，所有人都有报答知遇之恩的冲动。

用爱心播种，让每个心灵"亮"起来

汉口辅仁小学　吴雯

案例背景

　　班级管理应建立在生命教育的平台上，每个学生都是自由的、具体的、独特的、不断生长着的生命个体。班主任作为班级的管理者、组织者，首先就要尊重班级中的每一个成员，让每个孩子都能感受到师爱。我爱聪明乖巧的学生，也爱调皮捣蛋的学生，更爱性格孤僻、行为偏差的特殊学生……我希望用这阳光般的师爱在学生的内心世界中打下一个亮丽的底色。

案例描述

　　有这样一名学生——小俊，把自己座位的边界线视为不可侵犯的"疆域"，当同桌的胳膊不小心越过"边境线"，或者后排同学的脚碰到他的椅子时，他就会"大打出手"。他就是这样敏感、多疑、易怒、难以沟通，经常打骂同学。结果同学们都不愿和他交往，老师们谈到他就摇头，家长们提议让他换环境……多年的经验告诉我，该同学的问题和环境没有关系，他无论在哪，如果教育不得法，随时都会出现类似情况。通过多次家访，我得知孩子父母离异，父亲教育手段非常粗暴。由于他在家中缺乏关爱，不能得到很好的保护，于是产生了参与班级群体并得到关爱与关注的意向和愿望。但是，由于他不善表达，缺乏自信，这一愿望非但不能实现，反而因为事与愿违，导致他情绪的不稳定和行为的过激。

于是，我为他拟定目标，制定计划，使他学会自觉控制并合理宣泄自己的情绪；鼓励他积极融入集体，和周围的同学友好相处。

首先，我郑重其事地向全班宣布——我愿意和小俊交朋友。在以后的语文课上，我经常给他发言的机会，每每小俊有精彩的发言，我都会及时鼓励他。教室里掌声雷动，自信渐渐爬上了他的笑脸。

我还与小俊约定，对他实行"得分制"。他每有一次进步可以获得一分；五分可以兑换一个小奖品，有突出表现则可以直接获得小奖品。反之，如果他有一次打人或企图打人的情况，就视情节轻重取消得分。

同时，我多次与他父亲沟通，促使他了解孩子智力发展只是成长的一个方面，要让孩子身心健康地成长，需要一个快乐的家庭氛围。

　　我真心的关爱以及无私的帮助，让小俊的爸爸感激万分。不善言谈的他说："吴老师对我儿子的关心胜过了我们做家长的，能遇上这样的好老师真是孩子的福气！"

　　为了一个孩子，为了一个信念，我一坚持就是六年！至今，我仍不放弃对他进行每周一次的心理辅导。现在，这个孩子逐渐能控制自己的情绪了，和其他同学也交上了朋友，语文调考成绩竟得到了"甲"等。

案例反思

　　我相信，我们每一位做教师的，只要能真诚地对待每一个孩子，就一定能够得到孩子无条件的热爱和信任。这是多么宝贵的财富啊！我要感谢孩子，感谢他们让我不断收获，感谢他们赐予我更多的生命底色。感谢孩子！感谢生命！

关爱身边每一条小鱼

卫星村小学　何承节

案例背景

　　校园读书节，是孩子们不可多得的展示自己的大舞台。每个班级当中，总有那么一些同学，内心极度渴望一个属于自己的舞台，不过，由于他们在班级里不属于表现特别突出的，很多机会几乎与他们无缘。渴望、失落，时常伴随着他们。我，作为一名普普通通的班主任老师，最想做的，就是让他们走上舞台，尽情展现自己，寻找自信。

案例描述

　　"同学们，咱们学校第 11 届读书节就要举办了，这次要以年级为单位展示读书成果，我们班级要选出 8 位同学参加展示，谁愿意参加？"瞬间，教室里举满了小手。

我看了看举手的同学，有她——黄慧灵，她很紧张地把手举得很高，用期待的眼光看着我。

我不由得想起前段时间她写的一篇日记："春季运动会终于到来了，虽然两项比赛都没有我，但是我给他们加油了！如果有机会，下次我也想参加。"最后那句话，让我心里仿佛被针扎了一下，我脑海中浮现出一张满是失望的小脸，眼巴巴地看着同学们激烈的比赛，可自己只有羡慕的份儿……

想到这里，我果断地喊出她的名字，她"唰"地站了起来，全班同学向她投来羡慕的眼神。紧接着，我喊出了另外7个名字，其他同学有些失望，但只有我最清楚，这8个孩子为什么被选中。

晚上，黄慧灵妈妈发来 QQ 消息："何老师，灵灵今天告诉我一个好消息，她被选中参加读书节展示了！""是啊，她自己努力争取的。"

"谢谢老师给她锻炼的机会，她今天别提有多兴奋了！""她上次没能参加运动会的比赛，这次，不能再让她失望了。""何老师，您还记得这个事啊，确实，上次孩子挺失落的，我在家安慰她说，只有漂亮可爱的孩子才能参加啦啦队呢！""嗯，您可真是位聪明的妈妈！"下了QQ，我为自己的决定感到庆幸，虽然，这8个孩子并不是班上最擅长表演的；虽然，他们也不是长得最漂亮的；虽然，有些人甚至在排练时动作都不算协调，但经过紧张而辛苦的排练，在读书节那天，我们一年级的成果展示非常成功，孩子们都很投入，他们为自己赢得了热烈的掌声！

　　我不禁想起一篇课文——《这条小鱼在乎》，是啊，这条小鱼在乎!这一条小鱼也在乎!还有这一条，这一条，这一条……

　　我在心中默默许下一个愿望: 下一次活动，争取让每个孩子都不再有遗憾……

案例反思

　　我们如何才能够做一个用心的有智慧的教师? 郑晓菲老师赠我的那本《爱上课》里的阿伦老师说过，许多学生的家庭如同无间地狱，但学校也是无间地狱，他们因快要彻底绝望而喃喃自语地说:"我在这里，有谁可以发现我? "而我刚好路过，问了一句:"咦? 你在这里做什么?"只是这样而已。但对于每一条被发现的小鱼来说，那就是从沼泽到大海的距离了! 这就是阿伦老师对我的启发——老师的一点善意，能给孩子一生的希望。

让孩子享受成功的喜悦

华中里小学　蔡莹莹

案例背景

　　我班新转来一位男生，叫小A，刚来时，他上课要么搞小动作，影响别人学习；要么无精打采，神游天外，提不起一点学习的兴趣。下课就追逐打闹，喜欢动手动脚，常常与其他同学产生矛盾。作业不做，即使做了，也做不完整，书写相当潦草……每天总免不了给我添麻烦。

案例描述

　　怎么改变小A，让他跟上其他同学的学习进度呢？我开始找他谈话，希望他能遵守学校的各项规章制度，以学习为重，按时完成作业；知错就改，争取进步，争取做一个他人喜欢、父母喜欢、老师喜欢的好孩子。刚开始他一副爱理不理的样子，后来口头上答应了，却没付诸行动，还是一如既往，毫无长进。几次之后，我的心都快凉了，算了吧，或许他是"不可雕的朽木"。但又觉得身为班主任，不能因一点困难就退缩，不能因一个后进生无法转化而影响整个班集体，必须面对现实！于是我内心一横，心说：不感化你，誓不罢休。

为了有针对性地做工作，我决定先让他认识自己的错误，树立做个受人喜欢的人的目标。于是我再次找他谈话，谈话中，我了解到他心里十分怨恨原来学校的班主任老师。我心里一喜，找到问题的关键了。我轻声问他："你为什么会恨那个老师？"他不好意思地回答："因为她常常批评我。"我顺着问："老师为什么常在课堂上批评你，你知道吗？"他说："因为我常违反纪律，没有按时完成作业，书写也不工整……""你已经认识了自己的错误，说明你是一个勇于认错的好孩子。但是，这还不够，你觉得应该怎样做才好？想改正错误吗？想做一个受他人欢迎的孩子吗，你要怎样做才好呢？""我今后一定要遵守纪律，团结友爱，认真完成作业……""那你可要说到做到哟！""好！"后来，他无论是在纪律上，还是在学习上，都有了明显的进步。当他有一点进步时，我就及时给予表扬和鼓励，使他处处感到老师在关心他。他也逐渐明白了做人的道理，明确了学习的目的，端正了学习态度。

为了提高他的成绩，除了在思想上教育他、感化他，我还特意安排了一个责任心强、学习成绩好、乐于助人的班干部跟他坐，目的是发挥同桌的力量。事前，我先和那位班干部进行了一番谈话："为了班集体，不要歧视他，要尽你自己最大的努力，耐心地帮助他，使他进步。"班干部满口答应，充分利用课余时间或课堂时间帮助他，教育他。在同学们的帮助下，在他自己的努力下，小 A 各方面都取得了进步。为此，我会心地笑了。

案例反思

一、以人为本，付出师爱

作为一个教师，应"以人为本"，尊重每一位学生，要在自己与学生之间建立一座心灵相通的爱心桥梁。如果我们承认教育的对象是活生生的人，那么教育的过程便不仅仅是一种技巧的施展，而是充满了人情味的心灵交融。心理学家认为"爱是教育好学生的前提"。对于小 A 这样特殊的后进生，我更应敞开心扉，放下架子亲近他，关爱他，以温柔的话语去拨动他的心弦，用师爱去温暖他，用真情去感化他，用道理去说服他，从而促使他主动地认识并改正错误。

二、同学帮助，友情感化

同学的帮助对一个后进生来说，是必不可少的，同学的力量有时胜过老师的力量。同学之间一旦建立起友谊的桥梁，他们就会无话不说。益友对后进生的帮助有时还会超过良师。考虑到绝大部分学生不喜欢老师过于直率，尤其是批评他们的时候太严肃而让他们接受不了，因此，我让小 A 同学与其他同学从交朋友做起，和班干部一起坐，让他感受到同学对他的信任，感受到同学是自己的益友。让他在友谊带给自己的快乐中学习、生活，在学习、生活中感受到快乐！

三、因材施教，循循善诱

"一把钥匙开一把锁。"每一个后进生的实际情况都是不同的，班主任必须深入了解学生的行为、习惯、爱好及其后进的原因，才能制定行之有效的对策。小 A 的问题在于自制力差，对自己的错误、缺点认识不足，对老师的批评教育产生厌恶、憎恨的心理。因此，我就以爱心为媒，搭建师生心灵相通的桥梁。与他谈心，与他交朋友，使他认识错误，树立做个好学生的目标；充分发挥学生的力量，安排一个责任心强、学习成绩好、乐于助人的班干部跟他坐同桌，给予他学习和思想上的帮助；当面批改他的作业，让他感到老师的关心、重视……用关爱唤起他的自信心、进取心，使其改正缺点，引导并激励他努力学习，从而成为有进步的好学生。

法治教育无处不在

唐家墩小学　吴俊英

案例背景

依法治国是依照法律来治理国家。依法治国，是党领导人民治理国家的基本方略，是发展社会主义市场经济的客观需要，是社会文明进步的重要标志，是国家长治久安的重要保障。没有规矩，不成方圆。作为学校教育工作者，培养文明有礼、知法守法的公民是我们的责任。而公民的法治意识要从小抓起，法治教育无处不在。

案例描述

课间，四（1）班班主任吴老师领着两个孩子来到校长室。吴老师一手牵着一个男孩，满脸铁青。一个男孩委屈地哭着，另一个男孩大声喊着："凭什么是我错了！我要报仇！"我迎上去，关切地问："请问吴老师，有什么问题吗？"吴老师指着那个大声嚷嚷的孩子说："这个孩子怎么劝说就是不服管教，我要找校长！"我说："吴老师，陈校长现在不在办公室，我来解决！您放心地去上课吧！"吴老师把两个孩子交给了我，转身离开了。

我把两个孩子请进了我的办公室。我让他们在沙发上坐下来。那个大声哭喊的孩子口里还在大声嚷嚷："我恨死你们了！如果我有刀，我会杀了你！"一边说，一边要去撕扯另外一个男孩。见此情景，我连忙让另外一个孩子到隔壁会议室等候，把这个神情激愤的孩子留在了我的办公室。我挨着这个孩子坐了下来。我先递给他一张纸，让他把眼泪擦干，把事情讲给我听。哪知道他并不领情，对着我怒吼："你是谁？你凭什么管我？我才不要你管！我现在手里如果有刀有枪，我会杀了全世界！"我又好气又好笑，看来这个孩子还蛮粗鲁呢！我提高了嗓音，严肃地说："你太没礼貌了吧？我是你的长辈，也是学校书记，连老师都能管，怎么就不能管你了？你杀人就能解决问题了？杀人偿命的道理你听说过吗？你连我都要杀，我得罪你了吗？老师得罪你了吗？"看到我"生气"了，他的哭声小了一些。我接着说："请你相信我，我会给你一个公平的处理结果的。"我帮孩子擦干了眼泪，请他把事情的经过讲给我听。

原来，这个孩子是五（3）班的，上一节课是四（1）班的计算机课，孩子们上完课，陆续离开计算机教室，回到教室准备上下一节课。有几个五（3）班的孩子调皮，把最后要离开教室的四年级的孩子锁在了计算机教室。这样，矛盾产生了，四年级男生和五年级的男生打起架来。四年级的孩子抓伤了五年级孩子的脸，五年级孩子咬了四年级孩子一口。然而并不是五年级这个男孩把四年级的孩子锁在计算机教室的。这个大声嚷嚷的孩子认为，他没有锁住四年级的孩子，但遭到四年级孩子的追打，所以要狠狠还击，这才咬了四年级的孩子。了解了事情的原委，我摸了摸孩子的头，告诉他，遇到这样的事情应该理性处理，打架和骂人是解决不了问题的。我告诉孩子："勿以善小而不为，勿以恶小而为之。碰到问题，要学会理性解决，做文明守礼、知法守法的小公民。"我问孩子："脸上的伤口疼不疼？我会批评那个四年级的孩子的。"我又问孩子："你认为自己有哪些地方做得不对？"孩子说："对老师不礼貌，欺负比自己小的同学，遇到问题不冷静。"我夸奖孩子明事理。我对他讲，今后如果遇到解决不了的问题就来找我，我愿意成为他的好朋友。

接着，我找来了四年级的孩子，让这两个孩子互相赔礼道歉，握手言和。我分别奖给他们一颗巧克力糖，夸奖他们能知错就改。

下课了，我把两个孩子带到班主任吴老师跟前，两个孩子给吴老师赔礼道歉，承认了自己的错误。

看到孩子能认识到自己的错误，我感到欣慰！

案例反思

第二天，我找来了五（3）班那个男孩韩宏的妈妈。在与韩妈妈的交谈过程中，我了解到，孩子的父母忙于生计，对孩子的关爱过少，有时还让孩子独自过夜。孩子小时候犯了错，都是用打骂来解决，所以孩子非常倔强，有些暴力倾向。再加上，比他大十岁的哥哥不幸夭折，在他心里留下了阴影。孩子自卑、脆弱，没有安全感，以自我为中心，仇视身边的人。我与孩子的妈妈达成了共识，作为孩子的妈妈，要每天和孩子聊天，关心他的学习生活，尽量不用打骂的方法教育孩子，用温柔的母爱，化解孩子内心的恐惧、自卑；要多鼓励他，告诉孩子正确处理矛盾的方法，树立孩子的自信，帮助他处理好人际关系。韩宏的妈妈说，孩子看见她来学校了，怕孩子心中有不好的想法。我告诉孩子的妈妈，要对孩子说，今天妈妈来学校，吴书记表扬他勇于承认自己的错误，还表扬他早晨有礼貌地跟吴书记打招呼，并批评了妈妈打骂孩子是不对的；还要把自己平时工作的辛劳告诉孩子，告诉孩子爸爸妈妈是爱他的，只是有时候为了生计不能陪伴他，希望他做个勇敢的男子汉。

现在，这个调皮倔强的男孩每天看到我，都会很有礼貌地跟我打招呼。

我想，对特殊孩子的教育肯定会有反复，不要指望一次就

能成功。培养文明有礼、知法守法的公民需要我们的爱心和
耐心！让我们用耐心、爱心静待花开，引领孩子们健康快乐
地成长！

"忽悠"让课堂秩序井然

大兴第一实验小学　徐阳

"忽悠"一词来自于赵本山的春晚小品《卖拐》，春晚之后成了家喻户晓的流行词语。多年来，我在与"调皮"学生的"斗智斗勇"中，巧用了一些"忽悠"之法，达到了意想不到的效果。

案例背景

随着年龄的增长，高年级的孩子自我意识开始增强，对于教学内容、教师的教课方式都有着自己的见解，一旦对教师不满意，就很容易发生"乱课"的现象。教师面对这种问题时，常常有两种解决方式：第一种是训斥，甚至挖苦。这种方式姑且不论对学生会造成什么样的心理伤害，其效果多半也会适得其反，学生不仅不会承认错误，甚至还会顶撞教师，让局面失控。第二种是讲大道理。事实证明，这种"说教"只讲道理，不重情，学生也是入耳不入心——治标不治本。孩子常常只会当面认错，转过背就犯。

案例描述

一次在执教《拉库卡拉查》的音乐课上，我让孩子们猜一猜"拉库卡拉查"是什么意思。孩子们都大胆地猜测起来，气氛十分活跃。我说："'拉库卡拉查'是蟑螂的意思，后来被墨西哥人用来描述一种当地的舞蹈……"话音未落，教室里的"淘气包"小丞叫了起来："蟑螂，呵呵，×××就是只蟑螂……"

天哪，经常在课堂上"捣蛋"的小丞又开始犯错误了。我有些不高兴。小丞的这句"无心之语"不仅让另外一个孩子受到了伤害，还扰乱了课堂的秩序，不能就这样算了。于是我心生一计，决定"忽悠忽悠"他。

"小丞，你认为你的文化课成绩怎么样？""不好！"小丞说。

"我从来没有歧视过任何一名学习成绩不太好的学生，相反在某种程度上还有几分偏爱这样的学生，因为学习不好并非完全是他们的错，他们也不想这样，内心也很苦恼，是不是？"学生们点点头。

"我从教8年来，发现很多学习不太好的孩子，毕业以后反倒对教过他的老师感情更深、更真挚。"学生们听得更加认真。

"你上课有些爱交头接耳，看来也是多年形成的习惯，你能试着改掉这些不良的习惯吗？""能！"小丞露出诚恳之意。

"我刚才说，我从来没有看不起学习不好的学生，但我有点看不起没正形的学生。我们的学习不太好，只要我们干正事，长大后同样能有所作为……"小丞若有所思。

"你有信心彻底改掉你的不良习惯吗？那就从现在开始做起吧！"小丞自信地点点头。

"另外，你学过乐器，乐感还是很不错的！你要是改了这个毛病，以后不光音乐好，很可能文化成绩也会好起来的……"小丞不好意思地笑了。

此后，小丞确实改变了许多，偶尔也会忘记我们的"约定"，开开小差，但都能尽量地克制住自己，遵守课堂纪律。

案例反思

"忽悠"不是欺骗，而是以理解、信任、激励为基础的，其实质是晓之以理、动之以情的教育与引导，是老师饱含热情，以爱的方式包容学生、宽容学生。

古人云：亲其师，信其道。人的感情是有指向性的，师生之间的互信互爱可以唤起学生对老师所教学科的学习兴趣，学生也常常会将老师真诚的关心、爱护和尊重转化为学习上的动力。所以，我们要讲究爱的方法和艺术，把爱变成具体的动力，真正走进学生的心灵，用赏识的眼光去发现他们的闪光点，让"忽悠"的课堂风光无限。

不一样的笑容

大兴路小学　刘畅

案例背景

　　小鹏是个比较内向的男生，个子很小，见人总是腼腆地笑一笑，给人一种安静、内敛的印象。一天课间，有同学来告状，说小鹏把他压在地上不让他起来。我也没多想，孩子们课间偶尔的疯逗都不是什么稀奇事。我找到小鹏，给他简单地讲了讲这样做的危险性以及与同学友好相处的道理，让他道过歉，这件事就解决了。可是，随后的几天，状告小鹏的孩子渐渐多了起来，都与他爱压同学、摔同学、踢打同学有关。我又找到他，跟他讲了许多道理，可他只是低着头不作声，并没有真正悔改的意思。我气不打一处来，正要冲他吼两句时，突然意识到即便我大声地责骂他，他也未必就能明白这些道理。于是我决定换个策略，开一次特殊的班会来帮帮他，同时也希望借此让其他同学知道同学之间应该怎么相处。

案例描述

班会开始，我询问大家上学以来的感受，同学们谈的都是开心事。我便随机提问："那有没有不开心的事呢？"于是就有孩子开始说被小鹏欺负的事情了。有了第一个发言的同学，后面火上浇油的孩子就更多了。大家越说越气愤，小家伙的"罪状"也越来越多，我看见他开始有些难为情了。

时机到了，我请上了"被告"，请他谈谈听了这么多的投诉，他有什么想法。他羞愧地低下了头。"爱欺负人的小朋友谁都不喜欢，但是我知道小鹏其实不想欺负同学，他是很喜欢大家的，只是用错了表达方法，是不是啊？小鹏。"他抬起头来望着我，眼里充满了希望，用力地点了点头。"我们班的同学都是非常友爱而且宽容大方的，对待犯了错的同学我们该怎么做呢？"我趁热打铁。"给他改正错误的机会！"同学们异口同声地喊了起来。"好！那我们请小鹏给那些他不小心伤害到了的同学道歉。"小鹏走下讲台，逐个给同学们道歉，大家也都原谅了他，他流下了悔过的眼泪。"同学们，那个不会表达自己的小鹏不见了，站在这里的是新的小鹏，他坦白地承认了自己的错误，他勇于改正自己的错误。他善于学习，很快就学会了和同学友好相处。这样的小鹏，大家喜欢吗？""喜欢。""不仅大家喜欢，刘老师也很喜欢，每一个有礼貌的同学刘老师都很喜欢！"

从那之后，小鹏真的发生了变化，不仅有礼貌了，而且更开朗了，每次见到我老远地冲我打招呼，那笑容格外灿烂。

案例反思

对待孩子的小错误，改批评为引导，我看见了不一样的笑容。

用"糖衣炮弹"帮助孩子建立自信

精武路小学　尹洁

案例背景

　　肖宏豪是全校闻名的"小霸王""问题孩子"，每天都会因为调皮捣蛋而屡屡遭到各科老师的批评。但不管老师采取怎样激烈的措施，肖宏豪都不改，甚至还有变本加厉的势态。这学期他来到了我们班。怎么让这个七八岁的孩子养成好习惯、改掉坏毛病呢？我想，重要的是找到问题根源。几次家访后，我了解到孩子的父亲曾服过刑，对待孩子简单粗暴，孩子犯错，父亲经常会用皮带、木棍打孩子。孩子一年级也没学到什么，进入二年级什么都不会。他是一个没自信，甚至很自卑的孩子，其种种出格行为都是源于他不会与同伴交流，希望得到关注，得到爱。弄清情况后，我决定对这个小屁孩进行猛烈的"糖衣轰炸"。

案例描述

　　今天班里最坐不住且最令我头疼的肖宏豪在课堂上居然坐住了!更不可思议的是他还举手发言了!这是怎么回事?略一回忆,我想起了课前的那一幕:我走进教室,见肖宏豪正低头捡脚边的一张小纸片。我轻轻摸摸他的头,投去一个赞赏的眼神,悄悄地在他的耳朵旁说:"你真棒,老师真喜欢你!"难道,是这么一个眼神,一句话,让他开始改变了?"我请肖宏豪来读课文,因为他是现在坐得最端正的小朋友。"

　　"我又要奖励肖宏豪了,瞧他今天听课多专心啊!"……

　　类似这样的表扬还有很多,在大家羡慕的目光下,他坚持听了一节课。原来,我以为很难调教的他也有"软肋"。

　　吃过午饭,肖宏豪又开始"活跃"起来,整个教室成了他的天下。"肖宏豪,"我走到他身边,拉起他的小手说,"老师一个人在这里批作业忙不过来,你来帮帮我吧,帮我把作业本翻开,这样可以改得快些。"

　　"为什么要我做呀,我不会。"

　　"看我怎么做的,像这样翻开就行。"

　　"是这样吗?"他边说边动手翻开了作业本。

　　看着他我什么也没说,低头改起了作业。他的眼睛滚圆滚圆的,时不时看看作业,还发表一下评论:"这个字写得真好呀!"

"这个太差了，比我的还要差。"听着他的评论我又好气又好笑，没吱声。本子翻完了，他又停不住了，在教室里走来走去，一会儿碰下这个同学的桌子，一会儿趴在同学课桌前不走，不停逗别人。我让他在我边上坐下，看我教其他孩子做作业，这时他也显得很安静，也很自在。见他无所事事，我请他看图画版的《十万个为什么》。见他看得那么投入，我继续批改起作业来。没过多久，我见他一个人站在那哭，伤心得跟什么似的，眼泪"啪嗒啪嗒"往下掉。我站起身一边替他擦眼泪，一边询问他怎么回事。谁知他就是不开口，我一看，他手里的书没了，而书的主人此刻正站在不远处看着他。"是不是他把书拿走了，不给你看？"见我说中了，他哭得更伤心了。我叫来了书的主人："是不是从讲台上拿了你的书看，所以你生气拿走了？""是的，他怎能私自拿我的书看。"他显得很气愤。我摸着头告诉他："书是老师借给他的，因为啊，他陪老师批作业，可乖了。"见我这么说，同学赶忙将书从讲台上拿过来，放到了肖宏豪的手里。这下，两个孩子都抹平了心里的疙瘩，一个高高兴兴玩去了，一个津津有味地看起了书。上课铃声一响，肖宏豪乐颠颠地告诉我："老师，明天还让我帮你翻本子吧。"

案例反思

　　每个孩子都是一个独立的生命个体，他们千差万别，个性、能力、兴趣等各不相同。作为教师，我们要学会宽容，学会尊重，学会理解，让孩子感受教师的关爱，集体的温暖，这样才能真正走进学生的内心，成为他们信赖的良师益友。

比如肖宏豪是一个好动的孩子，他头脑灵活，爱出怪招吸引人注目。在长期的批评声中，他渐渐成了一个不肯听话的孩子。别看他一脸的无所谓，其实，这样的孩子，往往内心是最渴求他人的尊重和赞赏的。教师适时的肯定与赞美，会增添孩子的自信。

针对像肖宏豪这样有心理困境的孩子，我在班上开展了"我是争星小高手"活动。孩子们积极性很高。我把他们分成六个小组，从日常的"卫生、纪律、作业书写"来给孩子评分。评判员是孩子们自己。一个小组给另一小组评分。肖宏豪在一次的评分中给了一个小组零分。我问他原因，他说："我发现他们总是很脏，我都记下了。"说着就翻开了他的一张纸条，这张纸上歪歪扭扭写着一些他的记录。我说："肖宏豪很负责任。"看着这个孩子的小变化，我感到很欣慰。孩子们在活动中收获的不仅是星星，更多的是老师对他们的信任，感受到的是人人平等的尊重。肖宏豪以前是从不写作业的，看到别的孩子作业书写星越来越多，他也按捺不住了。一天，他突然将作业本递给我，说："老师，我的语文作业写完了。"声音大得能让全班听见。我赶紧批改了，并说："今天肖宏豪快速完成了作业，写得还不错，你们要加油呀！"这时孩子脸上露出了羞涩的笑容。因此，教师在与学生的交往中，不仅要给予学生更多的言语表扬，而且还要用微笑、注视、点头、肯定的手势等方式进行鼓励，以便孩子感受到教师对自己的尊重与关注，从而逐步自信起来。

教育家魏书生曾说："教师应具备进入学生心灵的本领。育人也要育心。只有走进孩子心灵世界的教育，才能引发孩子心灵深处的共鸣。"当孩子委屈哭泣时，必然有他的原因，教师要善于捕捉细微处，洞察孩子内心的想法。当孩子感受到老师的理解与关爱时，那也将是孩子主动拉近彼此心的距离的开始。

体验成功，增强自信

航空路小学　高波

案例背景

从教 21 年了，教育过的学生已有上千人了，这其中既包括听话乖巧的优秀学生，也有让老师们伤透脑筋的所谓问题学生。教出一个好学生，老师固然高兴，但这远没有成功教育好一个问题学生所带来的满足和快乐多。这可能是因为教育和转变问题学生的难度十分大吧！

教育问题学生，教师要花费更多的耐心与智慧，问题学生是教育中的难点。下面举一个成功案例。陈嘉乐（化名）是我从四年级带上来的一位学生，他性格内向，平时不愿意跟同学们交往。在人面前不苟言笑，上课从不主动举手发言。激烈的竞争，同学们的嘲笑使他觉得自己这儿也不行，那儿也不如别人，严重缺乏自信心。他在班里是一个学习困难的学生，一提学习就没精神。如何帮助他增强自信心，走出这个阴影呢？

案例描述

针对陈嘉乐的问题，我进行了摸底调查，发现陈嘉乐的父母文化水平较低，对他的学习不能有效指导。而当孩子的学习成绩未能达到父母期望时，父母的责备便使孩子形成自卑心理，怀疑自己，否定自己，不安、孤独、不合群等情感障碍也随之而来。

陈嘉乐自信心缺失，很大一部分原因在于家庭的教育环境与方式。因此，针对这一情况，我经常与家长联系，详细地分析了陈嘉乐在校的表现及其原因，建议家长选择适当的教育方式，为孩子提供表现自己的机会。让孩子在家做力所能及的事，不管干什么，都要从中发现闪光点，夸奖他，给他信心。并把家中得到的夸奖讲给老师和同学听，让老师和同学们肯定他的长处。

而在学校里，如果教师对一些同学，尤其是学困生不够了解，关注不多，就容易造成对这些同学的评价偏低。长此以往，这些同学便逐渐产生失落感，缺少前进的动力，在老师那儿他们得不到肯定与表扬，又会受到同学们的奚落和遭到家长的不满。时间长了，孩子变得越来越不自信，越来越自卑。

自信的缺失对学生的身心健康、生活、学习等都有损害，那么究竟该如何引导学生增强自信，正确地评价自己呢？

　　教育学理论告诉我们，每个学生都是有进步空间的，都希望别人认为自己是一个好学生。我也认为只要孩子智力正常，没有教不好的学生，只有不会教的老师。为了去除陈嘉乐的畏惧心理，我在课余时间经常有意无意地找他闲谈，让他帮我抱作业本、发作业本，上课时从不公开点名批评他，发现他有所进步及时表扬，在上课时经常用眼神来鼓励他，还经常对同学们说："看，陈嘉乐今天坐得真端正，听课非常认真！""陈嘉乐同学回答问题声音大了，能让我们听得清楚了。""陈嘉乐同学……"渐渐地，陈嘉乐开始喜欢和我接近了。一次，我进行课堂巡视时，他主动冲我笑了。

　　通过师生、家长的共同努力，陈嘉乐现在有了很大的变化，他的学习成绩在逐渐提高，上课能专心听讲，敢于举手发言，且声音响亮，下课还能主动与同学交往、做游戏，愿意参加各种活动，与班级、同学融为一体。家长也反映陈嘉乐在家学习主动，喜欢把班级的事讲给父母听，主动帮家长做些家务。

案例反思

　　学生，尤其是小学生，缺乏自信时容易产生自卑心理。作为老师，对于那些自信心不足的学生，我们要及时给予更多的关爱，让他们感到"我能行""我是最棒的"。

　　陈嘉乐的改变让我更加认识到激励的作用和集体的力量。因而，陈嘉乐这样的学生，教师要循循善诱，不可操之过急。老师不要把注意力集中在孩子的不良表现上，而要更多地关注孩子的优点和特长，放大孩子的优点，使之一步步敞开自己的心扉，增强信心。

他为什么那么沉默

黄陂街小学　吕婧芬

案例背景

　　我曾经在一本杂志上看到过这样一则小故事。故事说古代有位老禅师，一日看见墙角有一张椅子，心想肯定是哪位出家人违反寺规出去溜达了。老禅师也不声张，走到墙边，移开椅子，就地而蹲。果然，过了一会儿就有一位小和尚翻墙，黑暗中他踩着老禅师的背跳进了院子。当小和尚发觉自己踩的不是椅子，而是自己的师父时，惊慌失措，紧张得说不出话来。老禅师并没有厉声责备小和尚，只是以平静的语调说："夜深天凉，快去多穿件衣服。"

　　故事虽然短小，其中蕴含着的爱与宽容却深深地打动了我。孩子们对老师是宽容的，只要你对他们付出过真心，即使你曾经对他们冷言冷语，暴跳如雷，他们都可以原谅你。他们崇拜你，爱你。我常常想，老师也应该对学生宽容再宽容：芸芸众生，各有所长，各有所短，有的孩子也许无法克制自己的言行，无法很好地完成学习任务，不一定有辉煌的未来，可是谁说一个平凡的人就低人一等呢？为什么对他们就一定要那么苛责呢？故事中的那个老禅师，他清楚地知道，宽容是一种无声的教育。我们是否也该向老禅师学习一下呢？虽然书本知识的灌输是很重要的，但是给学生营造一个宽松的学习环境，鼓励学生个性化发展也很重要。

案例描述

沉默寡言，羞涩腼腆，这是段文豪（化名）同学给我的最初印象。应该说我是很喜欢这个"默默无闻"的小男生的，因为像这种乖乖的小男生不会在班上制造各种各样的麻烦。可在教了他们半个月之后，我发现段文豪同学在课堂上的表现实在是有些不敢恭维。别说是举手发言，就是连头也不抬一下，最基本的跟读也不会。不会读，写不好，一个星期三次听写，他毫不惭愧地得了三个"鸭蛋"。怎么办呢？这使我伤透了脑筋。于是我不得不研究起他的"老底"来，在与家长的沟通中我了解到，这个孩子之前拼音没学好，拼音就是他最薄弱的环节。难怪他上课总是低头不语，原来我上的拼音课对他来说是在"受罪"。

了解了他的"底细"之后，我制定了一系列"拯救"措施，其中一项就是每天中午吃完饭后留在教室给他补课。也就是从那天起，他成了我的特别关注对象，我把中午的休息时间留给了段文豪，我多么希望自己的努力没有白费。可是往往事与愿违，尽管我煞费苦心地教他，他还是读不准带声调的韵母，也不会拼读音节，每次听写还是保持原有的纪录——"鸭蛋"，每次拼读记录单上都没有他的名字，每次单元测验他全凭运气蒙几分……我怎么会碰上这样的学生？无数次我对自己说放弃了拉倒，他自己不努力，我已经尽力了。可想归想，实际上却做不到，我还是在教他，不管有没有用，我都在教，用心在教。不争气的他不但没有起色，反而连基本的抄写有时也"不做"了。我气不打一处来，终于憋不住了。一天吃完午饭后，他和往常一样，例行公事地留下来等待我的补习。我看着他那"木头"似的样子就心烦，闷闷地对他说："段文豪，从今天起，你就不要学拼音了，放弃吧！你把这些时间和精力放在其他学科上，或许你的成绩还会有所提高。明天你不要留下来补习了。"说完我看也没有看他一眼就走了。说实在的我心里很难受，他毕竟是我的学生，在他身上我付出了双倍的努力却没有任何收获，不能不说这对我是一种打击。

接下来的一个星期，我每天总是根据不同学生的新知掌握情况留几个人进行辅导，但再也没有段文豪了。用一些调皮捣蛋的男同学的话说，"段文豪解放了"。如果没有美术课上的那一幅画，我也以为"段文豪解放了"。

那天偶然的，我到美术老师的桌子上找学生的美术作品来布置教室。学生那稚嫩可爱的绘画作品，让我渐渐看入了迷。突然，一幅画映入了我的眼帘，画上画着一位小学生拿着一张卡片。仔细一看，卡片上依稀是一个拼音字母，原来是画的自己在读拼音卡片呀，我不禁笑了起来。但是当我看见作品上的名字写的是"段文豪"时，笑容凝结在了我的脸上。这么简简单单的一幅画，代表了这个孩子的心声啊。这是我第一次听见这个孩子的心声啊！当下，我的心中便生出了悔意，我不该那样对一个孩子，我不该说那么不留余地的话。可想而知，我当时话里透出的无奈，眼里流露出的失望，对他脆弱的心灵造成了多大的伤害。他不但没有"解放"，心灵的负担反而加重了。从这幅画里，我看到他的苦楚，他的矛盾心理。他既想放弃，又想证明给老师看，他也能行！面对学生的心声，我怎能无动于衷？我马上找来他的听写本，工工整整写上我的批语："老师惊喜于你的进步！加油啊！"以后，不管他的听写本上是几分，我都会写上鼓励性的批语。我没有再让他每天留下来补课，而是在班上请了一个小老师来帮助他，我在课堂上也尽量给他锻炼的机会。他学得不错，人也比以前开朗多了，课间也能听到他的笑声了。虽然到现在为止，他的拼音还是不太好，但是他学习的劲头比以前足了很多。我相信只要他不断努力，进步会越来越大的。

案例反思

原来段文豪不是天生的沉默寡言，而是拼音这座大山把他压得无法言语，再加上我的疏忽，把他从一个集体中分离出来，特别对待，更加重了他的自卑感。在这种状况下，他怎么会有良好的心态来对待学习呢？幸好补救及时，不然我也不知道这会对他的心理健康造成什么样的影响。

也正是从这件事中，我深刻地体会到：做教师没有能力点燃火种，但绝不能熄灭火种！面对眼前这些对世界充满好奇和憧憬的活泼天真的孩子们，要珍惜，要努力让每一个孩子的心中充满阳光，让每一个孩子在爱的抚慰下快乐成长。一位师者，放弃了一位学生，可能会减少一些工作压力，可能会提高一段时间的教学质量，可能会给你赢得暂时的荣誉，但你放弃的却是一个孩子的美好前途，放弃的是一个家庭的希望，留给自己的也将是一个永远的遗憾！

因人而异，因材施教

清芬路小学　陈小梅

案例背景

教育家乌申斯基曾说：教育是一种有目的地、自觉地培养和谐发展的人的过程。由此可见，教育不是一种结果，而是一个过程，是一个让学生产生良好结果的过程。每个人都有其自身的优点，我们教师肩负着发现和放大孩子们的长处，努力让他们成长为合格人才的重任。

案例描述

谢陈林（化名）同学是课堂上动作特别多的孩子，像个陀螺不停地动，完全没有上课的意识，特别爱出风头。说教过很多次，仍然不听。无论是表扬他鼓励他还是批评教育他，收效都甚微。慢慢地我也不怎么想管他了，有时他找我讲话，我也故意装作没听到，不怎么搭理他。有一天班上要组织一个班会节目，安排了很多孩子参加，没有他。看得出他有些失望，但他没有举手明确表示出来。正式班会开始那天，来了很多老师，孩子们都很兴奋，只有谢陈林有些低落，一个人坐在角落里没有往日的自信与神采，仿佛是个局外人。最后一个环节是小游戏击鼓传花，鼓由我敲，花传到谢陈林那儿的时候，我故意停了下来。该他发言了，他一愣，不过马上就兴奋起来，很感激地看了我一眼，而且回答问题特别流利。他本来就是一个聪明的孩子，所以即使没有参加彩排，让他发言也根本不在话下。

通过这次班会，我分析了一下这个孩子：他在课上表现调皮，用很夸张的笑来吸引同学老师的目光与注意，一方面是在满足自己的小小虚荣心，另一方面是期望被关注。在抓住他的特点后，我继续对症下药。经过一段时间的观察，我发现他的课堂表现已经有了明显转变。

陈德名（化名）同学是我们五（2）班另一个调皮的孩子。每次上美术课我都留意这个孩子，他表面上冷冷的，对什么似乎都满不在乎，但我能感觉到他总偷偷拿眼角余光看我，给我的感觉是他内心其实是期待我的关注的。果不出我所料。那天班会课，我让同学们自荐班干部，很多同学都踊跃参加。但他坐在那儿一动不动，仿佛他不是这个班的一员似的。突然他举手了，我看了一眼，很明显是同桌和他正在闹矛盾，他举手是为了告状。但我故意不接茬，有意对全部同学说："好啊！陈德名也想自荐承担课表填写工作了。"陈德名一愣，更多的却是惊喜，他腼腆地坐了下去，好像还有点不敢相信。从那以后，我们五（2）班的黑板右上角每一天都有陈德名工整、漂亮的字迹了。同学们享受着陈德名带给大家的方便与快乐，我们也感受着他一天天的变化。

案例反思

作为教师，我觉得自己在对学生的认知、心理分析能力等方面有了一定的进步。同时，在管理、教育学生等方面也积攒了许多实践经验，有成功也有失败，但无论成功还是失败都是宝贵的经验。我明白教育学生的根本是心灵教育，如果只是一味强调规矩却忘了与其交心，偏移了重心，破坏了平衡，效果就会适得其反。古话说得很好："攻心为上"，将来自己应多从此方面着手。

"坏"孩子需要更多的爱

天一街小学　吴颖

案例背景

　　用托尔斯泰的一句名言说教育——"问题孩子的成长环境中各有各的不幸"。对于教育者，最头疼的问题莫过于解决"坏"孩子的问题。不同的孩子，其问题各不相同，从来没有一个固定的方案能解决问题。再加上这类孩子往往破坏力较大，占用老师大量的时间和精力，班级中的突发事件由他们引起的概率也更高。教师在成长中的突破往往来自于对问题孩子的问题的解决，倘若能让这些孩子的问题得到改善，甚至得到根本性的好转，就能让老师极具成就感。

案例描述

　　两年前的9月1号，我作为一名教育界的新兵开始了班主任工作之旅。第一天和学生相处，我像极了一位和善的大姐姐，照顾每一个学生，帮助他们适应新的生活和新的学习要求。结果，有个小朋友完全没有别的孩子那样怯生生的感觉，竟然开始用拳打脚踢来确立自己在同学们中的"权威"地位了。还没认全班上孩子的我，才半天时间就已经收到了班上十几个孩子对同一个孩子的投诉了。

气愤至极，我让这个叫李雅仁（化名）的孩子到我的办公室。来到我面前的不是一个大块头，相反，他的个头极小巧，不长不短的头发服服帖帖，皮肤白皙，略显病态，最出彩的是一双水汪汪的大眼睛，就那样无辜地注视我，并没有所谓的"胆怯"或"内疚"的神情，我几乎不能相信他就是那个几乎人人声讨的"罪魁祸首"。小声地警告一番之后，我让他回到了教室。

就是这样的一个孩子，后来被证明破坏力十足，直到亲眼见到他在放路队的时候，毫无征兆地飞起来踹了前面的同学一脚，我才真正意识到这个孩子有暴力倾向。学习方面，情况同样不乐观，家庭作业几乎没有完成过，上课不但不听讲，还要不停地骚扰前后左右——我几乎不知道怎么样安排他的座位。请家长吧，一位已经能娴熟地应对被老师请家长的老奶奶，几乎用戏剧性的语调，向我们透露了这个孩子家庭的秘闻：孩子的妈妈仍在监狱服刑，爸爸已失踪多年，爷爷、奶奶以及外公都已过世，自己作为外婆独自带大孩子。李雅仁成为大家眼中的"坏"孩子的原因其实不难分析了，父母也都是坏榜样，从出生起就缺少关爱，年迈的外婆在溺爱他的同时，又不知不觉地将自身所面临的压力转移到他身上。

我深知我无力改变他的成长环境和家庭教育，要想转化他并非一朝一夕、一言一行能做到，我需要给他更多的爱与宽容。针对他的问题，我开始尝试一些"独家"办法：

首先，动之以情，正面疏导。李雅仁对我和同学们存有戒心，甚至怀有敌意。起先，他对我的关心（有时私下喂他一块点心，路上遇到他总摸他的头发）有躲闪行为。我想，只要多一些耐心，他会愿意亲近我的。于是我利用课上提问他最简单的问题、课间谈心、课后辅导等多种渠道亲近他。在学校他病了，我亲自给他倒水，拿药照顾他，俗话说：精诚所至，金石为开，他感到了我对他的爱护，我从他的眼睛里读出了自信之火已被点燃。

然后，晓之以理，热情激励，有时还反向鞭策。我知道外表刚强的人其实内心是很脆弱的，我经常教他换位思考，为什么班上的同学不愿意和他玩或跟他做同桌，我还教他怎样和班上的同学交朋友。每次他表现得比较好的时候，如坐得特别端正、举手回答问题等，我都会特地提出表扬，他就能至少乖上一整天。

此外，学习上开小灶，让他重塑自信。针对他回家无人辅导的情况，我经常课间、午休甚至放学后把他叫到办公室单独辅导，这样一坚持就是两年多了。由于他接受能力较强，长期这样的坚持回报明显：他的学习成绩从来都没有和同学拉开太大的差距。

如今李雅仁已经上三年级了，我虽然并未真正感化他，也无力从根本上解决他的困境，但是，每一份付出都有相应的回报。虽然他时有反复，但仍很顺利也较快乐地度过了之前两年的学习生活。新的挑战仍在眼前，但是我和我的"坏"孩子能过好每一天，也许真正的蜕变会在一天天的改变中悄然发生，我有这个信心。

案例反思

巴特尔指出："爱和信任是一种伟大而神奇的力量，教师具有爱和信任的眼光，哪怕是仅仅投向学生的一眼，幼小的心灵也会感光显影，映出美丽的图像。"

作为班主任，面对后进生，怎样把学生们带好呢？是批评不离口，压服学生，还是坚持表扬，以情和爱唤醒他们，促其转变呢？实践证明，后者是更行之有效的。

要想使班主任工作获得成效，对孩子们的爱显得尤为重要。

"爱"是促进后进生转变的法宝。教师对学生，只有动之以情、晓之以理，给他们温暖和耐心的疏导，以诚相待，并且付出真诚的关爱，才能得到学生的信任。只有这样，学生才能心悦诚服地接受我们的教育。尤其是促进"坏"孩子的转变，爱更是"灵丹妙药"。

牵着蜗牛去散步

黄陂街小学　张荣

　　博，上学第一天，就告诉我他是多么"与众不同"。他和妈妈是第一个到校的。一见到我，妈妈就不停地夸赞孩子，强调孩子是多么喜欢上学，可我却从妈妈的话中隐约听出了一丝担忧。与妈妈的滔滔不绝相反的是，博一直低着头，显得十分安静。难道他是个内向沉默的孩子？我心里琢磨着。妈妈一离开，博就从沉默中爆发了，突然大声嚷嚷："我不喜欢同学！我不喜欢上学！我要回家！……"我和全班的孩子大吃一惊，还没上课就厌学的孩子，平生终于得见了。

　　后来我在与他外婆的交谈中得知，博入学前，妈妈并不在身边，孩子是在各家亲戚家"流动"生活长大的。生活的不稳定，家长教育的缺失，导致孩子幼年成长比其他孩子迟缓。博在幼儿园中遇到了不少困难，被同学嘲笑，被老师厌恶，因此讨厌同学与老师，而这种情绪也随之被带到了新学校中来。

案例描述

为了让博能尽快融入我们这个新家，我和其他孩子约定，不嘲笑他，多帮助他，给他一个全新的校园生活。慢慢地，我发现小家伙不再那么易怒了，脸上也有了同龄孩子该有的笑容。他开始接受这个新学校，接受新的同学，也接受新的老师了。

但新的问题又来了。博的妈妈因没能陪伴孩子成长，愧疚的内心往往用放纵孩子的方式去弥补。博可以每天睡到自然醒再步入课堂，不想做作业，不想听讲，不想劳动……只要孩子不愿，妈妈绝不勉强。于是，校园里常常听到这样的对话：

老师："博作业没交，他人呢？"

同学们："博在操场上！"

老师："博要补作业，他又去哪了？"

同学们："博在花坛里。"

老师："博没在队伍里，'闪'哪儿了？"

同学们："博蹲在沙坑里。"

老师："……"

"从厌学到贪玩，这算不算有点小进步呢！"我揉揉太阳穴自嘲道。

　　终于有一天，我在操场的花坛边，和博来了一场"偶遇"。一肚子的批评台词在看到他专注的眼神时，又咽了下去。我改口问道："这花坛里有什么秘密吗？这么吸引你。"

　　博："我在做研究。"

　　老师："研究？！"

　　博："是呀！雨天里我研究乌云可以带来多少雨滴；晴天里我观察蜗牛藏在哪片叶子下。可忙了！瞧，这是我写的研究日记。"

　　老师："画得真漂亮！能介绍一下吗？"

　　博："这张画的是种子的生长过程，从种子发芽到种子长成小树。这张画的是蝴蝶刚开始是卵，然后卵孵成了毛毛虫，接着毛毛虫长大后结茧，最后蝴蝶从茧里破壳飞了出来。"

　　老师："你的观察日记真有趣！应该和同学分享一下。如果给这些图配上一些文字，那每个同学都能知道你的研究成果了。"

　　博："这个主意不错哟！可是我会写的字很少，拼音也学得不好。"

　　老师："看来语文学习可以帮助你做好研究日记。学语文，记生字，也要用心哟！"

　　博："嗯，我会用心学，认真做！"

　　老师："学好语文，你就是我班的'达尔文'！"

案例反思

　　这次的谈话，让我发现了一个新大陆。原来博并不是个贪玩忘学的孩子，不学只是他不感兴趣。就如曾经一位优秀班主任对家长说的：无论成绩好坏，每个孩子都是种子，每个人花期不同。有的花很快就会灿烂绽放，有的花需要漫长等待。不要看自己的那颗花种还没动静就着急，细心呵护它慢慢长大，陪它沐浴阳光风雨，何尝不是一种幸福。相信孩子，静等花开。也许你的种子永远不会开花，因为它会长成一棵参天大树。

　　静等花开，静等孩子慢慢长大。让我们慢下脚步，做一名牵着蜗牛去散步的优雅老师吧。

因材施教　辩证育人

红领巾学校　孙丹卉

　　教师的言行举止会对学生成长产生相当重要的影响。美国总统林肯就曾说过："关键的一句话有时会影响人的一生。"而鼓励和肯定的话语，往往更能激发一个人的上进心。因此，我认为，从有利于学生成长的角度，教师在思想上、学习上、生活上要关心、爱护和帮助他们，勇于发现和挖掘每一个学生的闪光点，以表扬和鼓励为主要的教育手段，引导学生发现自己的长处，并由此激发学生自身的上进心和积极性，克服自己的缺点，最终促进他们的全面发展。

　　去年，我担任了一年级班主任的工作。一年级的新生，刚从幼儿园走进小学，对小学的生活充满了好奇并有着求知的欲望。同时，他们还没有学生的概念，自身行为还没有受到学生守则的约束，有的新生甚至非常任性，这个时候的他们是最难教育和管理的。

案例描述

我们班有一名同学叫段易（化名），他是个与众不同的学生。他不仅是全班最胖的，也是全班个子最高的。因为他的与众不同，让我在开学第一天便牢牢地记住了他——这个在以后的学习和生活中既让我头疼，又让我深深感动的男孩子。

新学期开学不久，我就注意到了段易调皮捣蛋、专横霸道的一面。

例如上课不认真听讲，要么搞小动作，要么影响别人学习。有一次全校语文老师到我们班听课，整节课他都在不停地回头询问听课老师："喂，老师，你叫什么呀？""喂，老师，你教几年级呀？""喂，老师……"

不仅如此，他有时候作业也不做，即使做了，也做得不完整。有时他干脆不交作业。为什么不交作业，他的理由出奇的简单："老师，我不明白你说的作业如何去做，所以没有完成，也就没有交。"

有时他会仗着自己身材的优势，专门欺负比自己瘦小的同学，从一年级打到三年级。一次放学路上，一个三年级的女同学不小心碰了他一下，还没等女同学向他道歉，他便冲那名女同学举起拳头说道："干吗？小心我揍你！"

就这样，每天不是任课老师就是学生或者家长向我告状。这让刚入学不到一个月的他成了学校的知名人物。

为了让他能够有所转变，我决定找他谈话，希望他能遵守学校的各项规章制度，好好学习，按时完成作业，知错就改，争取做一个他人喜欢、父母喜欢、老师喜欢的好孩子。段易开始是一副爱理不理的样子，后来虽然口头上答应了，实际上还是一切照旧，毫无长进，真是"顽固不化，屡教不改"。

对于段易的态度，我的心都快凉了。但是，自己身为班主任，要对整个班集体负责任，就算段易"朽木不可雕"，我也不能因为这点困难就退缩。

要想解决问题，就要先找出问题产生的根源。目前摆在我面前的有这样几个问题：他不想进步吗？他没有认识到自己的错误吗？他不想做个好学生吗？

为了弄清楚这一系列的问题，我开始了针对性的教育。

首先是诱导段易认识自己的错误。于是我主动找他聊天，渐渐得到他的信任，成为他的好朋友。然后，我又站到好朋友的角度去跟他交流，了解他心中的真实想法。在一次交流中，段易说他害怕段老师，我就趁机进一步问他为什么要害怕段老师。他说那是因为他打段老师班上的学生，段老师总批评他。在了解情况之后，我便通过开导、换位思考等方式，让他认识到自己的错误，并保证以后不再犯同样的错误。后来，他再也没有去打段老师班里的学生。通过多次交流，我发现，段易其实很善良、很诚实，只是缺乏引导，只要有正确的引导，段易很快就会变成一个好学生。

　　接着就是及时地表扬和肯定段易的进步。在朋友式的交流中，段易向我保证会遵守纪律、认真听课、认真完成作业。后来，他果然在这些方面有了明显的进步。每当他有一点进步，我就及时给予表扬，激励他，让他看到了老师对他进步的肯定，让他感受到做好学生的快乐。

　　为了让他能够融入集体，让同学们都能够接受他，我又用另外的方法让他认识到集体的重要性。当他取得进步时，除了表扬以外，我还会跟他说，这也离不开同学们的帮助，特别是某某同学的帮助等等。慢慢地，他觉得应该跟同学们好好相处。有一次他主动找我谈话时说："老师，王晨同学在我读不懂题意时，给我讲解了，我很感谢他，现在我们都成好朋友了。"我从心里感到高兴，鼓励他说："你长大了，懂事了，进步了，也有自己的好朋友了。老师真替你高兴，继续加油！"

　　经过我们大家的共同努力，段易身上发生了巨大的转变，他一举由原来一个调皮捣乱、打架生事的捣蛋鬼变成了遵守纪律、认真学习、乐于助人的好学生。现在的段易会对老师说："老师，我帮你把作业本送回办公室吧。""老师，我帮你发作业本吧。""老师，我帮你擦黑板吧。""老师，我帮你。"看到同学们有困难的时候，他也会伸出自己的援手，来一句："让我帮你吧，看我的。"

　　就这样，他成了同学跟老师心目中乐于助人的好学生，成了老师的"小助手"，同学们心中的"大力士"。渐渐地，他手中的小印章多了，银行卡也多了，看到"我是得星小能手"荣誉榜上自己获得的小五星越来越多时，他会得意地点点头，开心地笑起来。

案例反思

通过上面的案例分析，我得出以下结论：

一、以生为本，付出师爱

作为一个教师，都应"以生为本"，尊重和爱护每一位学生。教育是心灵的艺术。我们教育学生，首先要在自己与学生之间建立一座心灵相通的爱心桥梁，跟他们成为朋友，站到朋友的角度去跟他交心、交流。教育的过程不仅仅是一种技巧的施展，更是充满了人情味的心灵交融。陶行知先生说得好："我们必须会变成小孩子，才配做小孩子的先生。"对于段易这样特殊的学生，我蹲下来跟他说话，敞开心扉，以关爱之心来触动他的心弦。"从爱出发，动之以情、晓之以理、导之以行、持之以恒"，用师爱去温暖他，用情去感化他，用理去说服他，从而促使他认识不足，克服缺点，不断进步。

二、团结互助，友情感化

同学的帮助对一个后进生来说，是必不可少的，同学的力量有时胜过老师的力量。同学之间一旦建立起友谊的桥梁，他们就会无话不说。因此，我从同学和同学交朋友做起，让他感受到同学间的情和爱，让他感受到同学给他的帮助和带给他的快乐，让他在快乐中学习、生活，在学习、生活中感到快乐！

三、因材施教，循循善诱

"一把钥匙开一把锁"。每一个学生的实际情况都不相同，这就要求班主任深入了解每个学生的行为习惯、性格爱好，从而确定行之有效的对策，因材施教。段易同学的情况比较特殊，主要是自制力差，对自己的错误、缺点认识不足，对老师的批评教育产生厌恶心理。因此，我就以爱心为媒，搭建师生心灵相通的桥梁。与他谈心，与他交朋友，使其认识错误，树立做个好学生的决心；充分发挥学生的作用，用关爱唤起他的自信心、进取心，使之改正缺点，然后引导他努力学习、互帮互助、团结同学。

通过短短两个月的努力，我终于取得了令人可喜的成果：段易同学摇身一变，由"捣蛋鬼"转变为同学们眼中的"大力士"，老师眼中的"小助手"。

其实在很多时候，"后进生"和"优等生"只有一线之差，老师只要态度正确、施教得当，再加上足够的爱心和耐心，改变一个孩子应该不难。

让"尘埃"在关爱中闪光

北湖小学　王姚峥

案例背景

"我们的祖国是花园，花园的花朵真鲜艳……"每当听到这熟悉的旋律时，我的脑海中总会浮现出一张张阳光、可爱的笑脸。但在这些笑脸中也总有个别沉默、倔强，不愿意与人交流的脸庞，它就像角落里坚强生长的小花，渴望阳光，渴望生长。这些孩子如同含苞待放的花骨朵，急需家长、老师及社会用爱之泉去浇灌，才会绽放出美丽的花朵。

案例描述

我的班上有这样一个孩子。他叫小昕，才上三年级，却已经年满 11 岁，个子瘦小，戴副眼镜，看上去乖顺又听话，语文基础非常差，平时家庭作业总抄不全，别的同学在学校就能完成的作业，他回家后总要家长辅导到晚上十点多钟才能完成，有时还不愿意做；课堂作业能拖则拖，总不能当堂完成，书写字迹潦草；上课多数时候是趴在桌上睡觉，一睡就是一整天；课间也多是沉默地在其他同学的游戏圈外观望。

后来我了解到，他父母在他两岁多就离异了，不过幸好对他心理上没有造成多大影响。可能是一直跟着奶奶，缺少父母关爱的原因，他很少与同学老师交流。平时爸爸做生意比较忙，经常出差，很少管他，爷爷、奶奶对孩子的学习还是相当负责的，学习上抓得还比较紧，但是由于孩子接受能力、理解能力较差，每天所学的知识又没有得到有效地巩固，因此成绩一直处于班级最末位，平时语数测验最多也就是四五十分。班上的同学瞧不起他，甚至对他有些排挤，这使他产生了严重的自卑心理，对学习丧失了信心。

在发现了他的问题之后，我开始思考该采取怎样的措施来改变这个孩子。

一、协助父母重树对他的信心

我想方设法与其家长进行心与心的沟通，与家长达成以下共识：

1. 父母的爱是克服孩子自卑心理的原动力。

要求家长不管有多忙，都要抽空与孩子交流，告诉孩子你对他的热切期望，让孩子感受到父母对自己发自内心的关爱，这种关爱是不会因为他学习上暂时的困难而改变的。通过一两件具体的事情帮助他改变因为自己成绩差，家中没有一个人喜欢他，甚至自己是多余的、没用的人的消极认识。

2. 父母的鼓励是促进孩子直面挫折的良药。

当孩子在学习上遇到困难时，父母绝不能指责挖苦，不顾及孩子的感受，说"你真笨""你是没希望的了""我早就知道你不是读书的料"等严重打击孩子自尊的话。而应心平气和地与孩子共同寻找原因，鼓励他这次没考好没关系，只要找到自己的不足，相信你经过努力，下次一定能考好的。事实证明，家长如果能经常给孩子以鼓励与赞扬，对孩子提出的正当要求尽可能热情、友好地接受并帮助解决，孩子在面对挫折时的茫然无措、自怨自艾将会被沉着冷静、自信阳光所替代。

3. 父母的赏识是增强孩子自信的最佳途径。

家长不能只盯着孩子学习不好的弱点，而应充分肯定孩子在其他方面的优点，如他会扫地、择菜、洗袜子、对长辈有礼貌等，赞赏他、激励他，让他在家庭营造的积极向上的氛围中，重新认识到自己并非想象中的一无是处，而是有其存在的价值；并以此为契机，逐步恢复他对学习的兴趣。另外，家长一方面应注意向孩子提出的要求不宜过高，以免超出孩子的能力而使其受挫；另一方面，不要一味地拿孩子的缺点与其他孩子的优点进行比较，以防孩子丧失信心。

二、帮他找朋友，满足他的交往需求

1. 充分发挥班集体的教育功能，让他在群体健康舆论的积极引导下，自觉改正不良的学习习惯和行为习惯。当他遵从舆论评价并在思想和情感上与健康舆论融为一体时，他才能被集体认同，也才能获得进步。如：大家都在认真完成作业时，就有人提醒他不要睡觉，要抓紧时间；集体活动中，大家会鼓励他克服胆小的心理，大胆尝试。当然，作为教师，我也会注意不把矛头总是指向他，而是不着痕迹地诱导他积极参与到集体活动中来，在潜移默化中改变他的态度。

2. 成立互助小组，满足他的交往需要。挑选 1 至 5 个充满爱心、活泼开朗的同学，要求他们在一日活动的各环节中都能有意识地与他在一起，让他在轻松、愉快的氛围中学会与同伴相处，帮助他在活动过程中恢复对自我的信心，使他的不安、烦恼、孤独、离群等情绪得到缓解。

在家长、老师、同学们的共同努力下，他的表现明显好转，作业不管正确率如何，多数情况下都能按时完成。即使没有完成，也会主动跟老师说明理由。遇到实在无法解决的难题，有时也能找同学或老师帮助。与此同时，他在与同学相处等方面的表现更是可圈可点。到目前为止，虽然他还不是班级中很优秀的孩子，但也不再是班级的累赘、老师的包袱、家长的心病，他正一步步走出自卑的阴影。虽然他的成绩仍然比较落后，但是，他的转变是有目共睹的。有句话说得好，"我们应该努力去改变自己能够改变的，接受我们不能改变的，并努力寻求知识，以了解它们的区别"，不是吗？

案例反思

有一则古老的谚语说："要想让一个人脱下他的皮大衣，只有给他阳光，因为寒风只会让他把皮大衣裹得更紧。"在新的教育理念下，我们要善待每一位学生，把爱、信任与尊重给予每一位学生，让每一位学生都能在我们的教育下茁壮成长，并散发出绚丽的光彩，真正做到"课堂没有死角，到处都有阳光普照"，让"尘埃"在爱的阳光中也能闪耀！

学会倾听，学会理解

华苑小学　张文霜

案例背景

　　我目前带的六（4）班是我从二年级时接手，担任班主任兼语文老师的。在几年的相处中，我与孩子们建立了深厚的感情，取得了学生和家长们的信任和尊重。在长期的管理中，这个班也形成了较好的班风和学风，学校有活动，也经常要我们班的学生参加，比如到社区听讲座、利用双休参加阳光义卖……孩子们也积极参加这些活动。然而，工作中总有个别家长，不是太在意老师对他孩子的评价，就是太关注他孩子在班上的位置；不是把班干部拦在校门口询问，就是给老师打电话质问。面对这种情况，我觉得老师的教育工作面对的不仅仅是单纯的学生，还有一大群家长。它需要我们用耐心还有智慧去解决一些问题。

案例描述

一次，学校大队部组织我们班学生周六阳光义卖，辅导员说只要三十名学生。于是，我就在班上举手的同学中选了三十名学生。当时，被选中的同学欢呼雀跃，而那些没被挑中的同学则神情黯然，耷拉着头，很失落的样子。没被选中的同学中就有小可，我之所以没有选她，一是考虑到她做过手术住过院，身体还没有完全恢复；二是考虑她离校较远，怕她来去不安全。看到这种情形，我首先给参加的同学讲明卖报的要求和注意事项及卖报技巧，然后又安慰那些不能参加的同学说，因为名额有限，下次有机会再让他们参加类似活动。

我本来以为事情安排妥当，没事了，结果当天晚上，我刚吃完晚饭，电话就响起来了。一看，是小可的妈妈打来的。接通电话，还没等我开口，她就质问我为什么不允许她的孩子参加义卖。我跟她讲明原因，她更加生气，说她的孩子身体好得很，老师这样说是侮辱和歧视她的孩子，让她的孩子在班上颜面尽失。并且说小可现在就在家哭，饭也不吃，下星期也不想上学了。我这才意识到事情远没我想象的那么简单，便再三向小可妈妈解释。可她还是不依不饶，甚至扬言说小可爸爸不知道这事，知道了恐怕不会善罢甘休。显然她在威胁我。我想尽量平息她的怒火，可是我已完全插不上嘴了，她在电话那头滔滔不绝，气愤难平。说实话，当听到小可妈妈这些话时，我其实非常生气，觉得自己一片好心，却被家长这样误会，心里说不出有多委屈。但是职业的本能提醒我，面对这样有些不讲道理的家长，万万是不可硬碰硬的。同时我也深深意识到，事情虽小，但我忽视了家长的感受，这个时候决不能跟她斗气。她讲了半天，我一直倾听。她大概意识到什么，突然停了下来。此时我尽量以一种柔和的语气对她说："我本来完全是站在孩子的角度考虑的，没想到您会有这样大的反应，既然这样，明天就让小可来学校参加活动吧。"结果她又反过来说活动不参加了，只是想告诉老师，不要说她的孩子身体不好。如此一来，我还能说什么呢。

挂断电话后，我久久地坐在沙发上沉思着，虽然我在班上已经把孩子们没被选上的理由说清楚了，但是我没有考虑到孩子以及孩子身后的家长们真正的感受与想法，我的工作没做到位。于是我打开电脑，在班级 QQ 群里留下了一段话："尊敬的各位家长，明天是我们班三十名孩子参加义卖的日子。在此，我衷心地感谢各位家长对这项活动的支持！同时也向没能参加活动的孩子的家长表示歉意！因为学校名额有限，老师只能选一部分学生参加。但是老师这么做，绝没有厚此薄彼之意！那些举了手而没被选上的同学，有的是因为离家较远，有的是没人接送，有的的确是身体底子薄，老师这样安排，完全是本着关心爱护的思想出发，还请各位家长朋友理解老师。以后有类似活动，只要条件允许，我一定让每一位同学参加！再次谢谢各位对我工作的理解和支持！"不一会，就有家长纷纷留言，有的说："老师，您为我们的孩子想得这么细致，我们感谢您！"有的说："老师，名额有限，我们能理解！"有的说："老师，我的孩子回来说，这种活动很有意义，他下次要参加！"……看着这些留言，我沉浸在感动中。突然，小窗口跳出小可妈妈的留言："张老师，对不起！是我莽撞了，我不会讲话，请您原谅我！感谢您对孩子的关心和爱护！"看到这里，所有的郁闷、所有的委屈都化作一股暖流，涌遍全身，我在电脑中敲下了大大的三个字——"谢谢您"！

案例反思

通过这件事，我认识到，教育学生的过程，有时没有我们想象的那么简单，我们的想法不一定就能得到所有学生及家长的理解和支持。在班主任工作中，应该多换位思考，多考虑考虑学生和家长的感受，把工作做得更细致更缜密些，这样才会避免很多不该发生的误会和矛盾。这次义卖活动挑选人时，如果我能将那些没选上的学生逐一叫到跟前跟他们沟通，了解他们的思想动态和心理承受能力，适时进行引导，可能就不会出现学生跑回家诉苦，以致家长不理解，找老师"讨说法"的事情。

其次，在与家长的沟通过程中，如果遇到家长的情绪不稳定甚至很急躁的时候，我们最好不要硬碰硬，而是要学会冷静倾听，让家长把心里的想法都倒出来，然后再用和风细雨的语气跟他谈之所以这样做的理由和想法，晓之以理，动之以情。听完你的话，家长冷静下来，也会觉得自己有不妥的地方，气也就自然全消了。在上面的案例中，如果当时我也在电话里发泄我的委屈，势必会将矛盾激化，引起家长更激烈的反应，说不定事情会闹得一发不可收拾。为师者，遇事冷静三分不为错。

更关键的是，我经历过这件事后，深深意识到，班主任在工作中，有效地利用QQ平台，调动所有家长参与班级一些问题的讨论，让老师、家长在互动中增进了解、解决问题的同时，也可以达到家长与老师之间互相教育、互相启发的作用。比如在这场义卖风波里，我把自己的想法发到班级群里，引起了其他家长的参与，他们的反应适时促使小可妈妈的醒悟，使其意识到自己行为的莽撞，最后将对老师的怨恨化为对老师的歉意与理解。当然我在群里发消息的目的不是为自己讨说法，更多的是利用它弥补我事前工作的疏漏，没想到竟起到了转变这位家长态度的作用。真应该感谢那些理解老师的家长，是他们给了老师信心，给了老师力量，使老师没有理由不将更多的关爱给他们的孩子！

抓住细微之处

红领巾学校　王琼

案例背景

　　每一天孩子们 8 点进校，5 点放学，在学校里和老师相处的时间比和家长在一起的时间还要长。虽说家庭教育很重要，但在校时间里，老师的每一句话每一个行为对孩子的教育影响作用却是不可忽视的。因此，善于抓住和孩子相处的每一个细微之处并加以引导，其产生的效果可能是孩子在成长过程中非常受用的。

案例描述

　　那日中午，孩子们做作业，我坐在前面改本子。不经意抬头间，与隽雯的目光对视，她冲我莞尔一笑。我突然觉得那笑容温柔了许多，不似以前，总带着一丝"霸气"。

　　"隽雯，我觉得你长好看了。"

她笑得更甜美了。

"你瞧，最近我跟你说话、交流的时候，你的态度柔和了许多，我也觉得你从外貌上有了改变。俗话说'相由心生'，一个内心很善良温婉的人，外表也会给人一种很阳光、温暖的感觉。"

她听得很认真，并使劲点了点头。

"我很喜欢这样的笑容！"

"那我咧！"尚康赶紧插嘴问了句。孩子么，要么急于得到老师的赞美，要么害怕老师的忽视。

"我也喜欢你的憨厚好不好！"

"好！"他得意地在座位上扭扭屁股。

今天一早报听写，突然发现颢严不在，他进校门时还和我亲热地打招呼呢！怎么我过完了早，他还没进教室呢？我正纳闷，他从走廊那边走了过来，模样看着有些委屈。进了教室后，我问他出了什么事，他摇摇头，只是红着眼睛不说话。报完听写，我把他叫了出去。

我俩站在走廊上。

"颢严怎么回事？你是不是碰到了什么问题？可以跟老师倾诉下。"颢严是个内向的孩子。

"您先让我平复一下。"他瞬间眼睛又湿润了。

我给了他点时间。

"是这样的，今天早上打早饭时，我让伯伯少打一点，但是伯伯还是给我打了一碗。我吃不完，值日生不让我倒，可是碗里的面又冷了。我本来就有点感冒，因为我妈妈感冒了，传染给了我。我站在那里吃得很不舒服，他们还嘲笑我……"说着说着他又有些哽咽。我搂着他的肩膀，给他一些安慰。

"值日生么，也是在履行自己的职责，可能不了解你的情况，态度不好肯定也是有。再碰到这样的问题，你可以走进食堂找到任何一个老师，向他说明情况，请求老师的帮助，还可以直接到楼上来找我。"

他点点头，不再那么伤心了。

进教室以后，我就发生在颢严身上的事在全班作了一个分析和指导。

"以后碰到问题要学会找到处理的方法，当心中有委屈、不快或自己不能排解烦闷时，要学会倾诉和寻求老师的帮助。"

案例反思

每一个孩子都是不同的个体，教师要仔细观察、用心教育、推此及彼，校园不仅仅是孩子们学知识的学堂，更是全面成长的沃土。我们不可能每天用大道理去指引孩子们的人生，但我们可以抓住细微之处，让人性的光辉照耀到每一处。

摄像头的秘密

红领巾学校　王琼

案例背景

　　"七八九，嫌死狗。"这话没错。在班里我总是听到"又有东西不见了"这样的事，心里特别烦躁。这些小怪兽们精力旺盛，没事找事，经常将同伴的学习用品藏东藏西，搞恶作剧。作为老师，我苦口婆心地教育过，声色俱厉地威吓过，但总会有不怕狠的"以身试法"！而且，这些小怪兽内心强大，你怎么变着法子追查，"元凶"都是"打死也不说"！没有真凭实据，我还真有点奈何他们不得。好在大部分失踪的东西都能找回，虽然也有"尸骨无存"的时候，但家长也不计较，省去了很多不必要的麻烦。可尽管如此，失踪事件对我还是有些小小的困扰，这不，今天失踪事件又一次上演了。

案例描述

周一一早进班，我发现教室里安装了摄像头。嗯，有点不太适应，以后我的言行举止愈发要注意了。

今天一早做完操上楼，尚康突然大叫："王老师，我的笔袋不见了！"

"嗡"的一声，我的脑袋又大了。

"你确定刚才还在？"

"我下楼做操的时候还在的！"尚康肯定地回答。

"我抽屉里有个笔袋！"东霖边叫唤边举起一个黑色的笔袋。

"尚康，是你的么？"

"是我的！"失而复得，尚康安心地坐下了。

肯定又是哪个小怪兽调皮了，真是恨死人！

"刚才做操的时候，谁留在教室里了？"我皱着眉头厉声询问。

值日生说自己一直在画课表，另两个也都说不是自己干的。看着他们信誓旦旦又无辜的表情，我真觉得自己是不是要把《福尔摩斯》好好地研究一下。

"你们看看右上角！"我用手指了指周一才安装的摄像头。

"周一的时候我警告过你们，谁要是再做这样的恶作剧，我就要查录像，看看是谁在捣鬼。不光如此，之前班里发生的所有这样的事我都会算在'你'头上。今天我最后警告一次，如果

'你'下课后能主动到我办公室去承认错误，并保证今后不再如此，那么此事就'一笔勾销'，我也会保密，不在班里公布'你'的名字。但如果是我查看录像把'你'揪出来的，那么'你'将赔偿之前所有不见的东西，还要全班检讨，并请家长！"

丢下这句话我就离开了教室。

下课铃声刚响一会儿，徐宝楚就走进办公室，低声对我说："老师对不起，笔袋是我藏的。"我瞄了瞄他，呵，和我心中预设的人选并不一样！

"知道错了就好了，以后再不许这么无聊了！去吧，我不会在班上说的！"

徐宝楚正准备离开，尚康却跟了进来。我让小徐赶快回去。

"你跑进来干什么？"看到胖胖憨憨的尚康我就想笑。

"我想看是谁藏了我的笔袋。"他一笑眼睛就眯成了一条缝。

哼，看来心里还蛮有数咧。"那你现在知道是谁了？"

他指了指徐宝楚离去的身影说："是他！"

"那你回班以后说不说？"

他赶紧摇摇头说："不说。"

"为什么不说？"

他又摇摇头说："不知道。"

我故意瞪了他一眼："使劲想想，为什么不能说！"

他果真严肃了一小会儿，又笑着说："因为他已经知道错了。"

我点点头："这还差不多，再想！"

他又收敛了笑容，片刻后又笑着说："我实在想不出来了。"

"我们还要给他留点面子啊！"

"哦！"

其实这个摄像头开始工作了没有，我不知道。控制平台在哪个办公室，我也不晓得。

案例反思

一桩小小的"失窃案"，教育的是两个孩子。"小偷"其实不是"小偷"，是一个精力过剩的"小怪兽"，我们没必要给他扣上可能令他羞辱的"帽子"。"失主"找回了自己的物品，也明白了在什么情况下要为别人着想。教育的本质其实是引导学生自省，能够自主地面对错误，承认错误，承担责任。让犯错者在得到原谅后再次正视自己的错误，这样的教育才是有意义的。

关爱孩子，从心开始

华苑小学　郭艳

案例背景

这学期，我班转来一名叫顾康子的男生。刚开始我没有觉得他有什么特别。开学第三个星期的一天，在课间休息时，孩子们纷纷离开教室，到外面玩耍去了，可是康康同学一个人呆呆地坐在自己的位置上，似乎在想着什么。我轻轻走过去，试探着问他："康康，你在想什么？"康康看见我，显得非常紧张，他紧锁眉头，一声不响地望着我。我马上安慰他说："康康，别害怕，有什么困难，有什么心里话，可以对郭老师说，老师会想办法帮助你的。"这时，康康怯生生地对我说："郭老师，我很累，我想在家休息。"

案例描述

一、好想在家休息

康康为什么会有这样的想法呢？通过了解我知道了，康康以前身体不好，经常在家休息，落下了很多课，成绩很差，作业也不会，感觉很累，所以希望在家休息。由于时间关系，我拍了拍他的肩膀，对他说："康康，现在要上课了，你刚才提出的问题，明天老师再和你探讨。"说完，我走出了教室，心里沉甸甸的：康康到底是个怎样的孩子呢？这样的想法他的父母知道吗？

晚上，我带着好多的疑问，走访了康康的家。一套装饰华丽而又宽敞的住房出现在我的眼前，客厅里摆着各种精致的装饰品，沙发旁的茶几上摆着一盆特别漂亮的兰花。康康的爸妈热情地招呼我，并同我一起坐了下来。

坐下后，我对康康的爸妈说："今天我来，是想和你们谈谈康康在学校里的情况，以及了解一下他在家的情况。"康康的爸爸带着伤心的语气对我说："郭老师，我们家什么都好，就是孩子的身体以及学习成绩一直困扰着我们。我和他妈妈平时工作都很忙，大多数时间把他寄养在外公那里，现在，孩子成绩很差，我们也对他毫无办法。"我见他提起孩子的身体与学习，接着问他："您能不能告诉我康康身体方面的具体情况。"康康的妈妈告诉我："康康出生时，足月顺产，体重6斤，身体发育正常。出生后，不大喜欢吃东西，人较瘦，因此身体一直不好，小时候还得过胃炎，开过刀。一年级的时候常生病，经常缺课，导致学习落后，时间一久，他对学习也不感兴趣了。到四年级，身体又开始不好了，他一会说头疼，一会说胃不舒服，临近期末考试，一个多月又没去上学，他感觉在家休息要比学校里读书开心。以前他在崇仁路小学读书，成绩差，老师也不喜欢他，我们没办法，想着给他换个学校，换个新的环境，就把那边的房子卖了，在浩海买了这套房子，这就到了华苑小学您的班上。"

通过与家长的交谈，我了解了好多康康的情况，我告诉他的父母：孩子的身体不好是事实，但身体不好也不应放松对他学习、生活上的要求，否则很容易养成懒散的生活作风和学习习惯，对孩子的成长不利。康康的父母听了，表示工作再忙，也会配合老师做好孩子的工作。

第二天，我找到康康，对他说："康康，来，就昨天的话题老师和你探讨一下。"我继续说："老师知道你小时候身体不好，影响了你的学习，但是，你千万不能因为基础差，而产生在家休息的念头，因为老师的课都是按照教学大纲的要求，由简到难，一步一步进行的。假如你天天来上学，就会学到很多知识。现在，你的成绩不是很理想，但经过努力是可以改变的，可以提高的。"接着，我给他讲了张海迪的故事，告诉他："张海迪阿姨身患不治之症，下半身瘫痪，但她身残志不残，经过自己的刻苦自学，写出了好几部长篇小说，受到大家的尊重。而你只是患了小小的胃炎，智力也是正常的，只要你好好学习，老师相信你，你一定会进步的。"听了我的话，康康高兴地点点头，表示他一定会努力学习，奋起直追。

二、努力了，还是学不好

和康康多次交谈后，他的心情好多了，脸上也有了笑容，也有了积极向上的信心，上课也能举手回答一些简单的问题了，平时作业也能认真完成了。看到康康的进步，我在班级当众表扬，及时鼓励。当他碰到困难时，我就耐心地帮助他增强自信心，使之不掉队。可是，一个多月后，康康的厌学情绪又来了。有一天，我见他情绪烦躁，做事好像掉魂了一样，就把他叫到办公室，和他面对面地坐下，耐心地问他："康康，你最近怎么了？看上去心神不宁，魂不守舍的。"这时，康康激动地说："郭老师，看来我不是学习的料，你看，我努力了，但还是学不好。"听了他的话，我告诉他，学习是有一个过程的，一个人的进步，也要有一个反复的过程。只有在这反反复复的变化过程中，才能培养一个人的意志，才会取得长足的进步。不要急，老师和你一起慢慢来，你一定会学好的。接着，我摸了摸他的头，询问他："在那么多功课里，你最喜欢上什么课？什么课还有困难？"康康看着我，认真地说："我最喜欢上郭老师的语文课，我还喜欢看课外书，喜欢音乐。"说完，他眉头一皱，又说，"数学和英语我感到很困难，平时我的数学和英语成绩都不能及格。看到数学课我就很烦，因为数学要计算，很麻烦，而碰到应用题，我连它们之间的数量关系也搞不懂，因此，根本学不好。而英语，我也不喜欢，这么多的字母放在一起，我看也看不懂。"

为了进一步了解康康的内心想法以及他的学习情况，我问他："那你有没有想过要老师或其他人来帮助你？""有啊，我妈给我请了个家庭老师，我的作业都是他帮着一起完成的。"从康康的回答中，我知道康康学习的依赖性是非常严重的，有了家庭老师，康康不会做的题，都指望家庭老师帮他。我连忙对他说："康康，有家庭老师帮你，这固然是件好事，但老师发现你的依赖思想很严重。我认为每道题，你首先应该自己认真地思考，然后列式计算，实在不懂的，再去问老师，而且一定要和老师一起搞清楚这道题里面的关键问题，做到举一反三，这样你的进步会快些。"听了我的话，康康高兴地点点头，对我说："郭老师，真的吗？这样做学习就会进步吗？我会努力做到的。"

三、成功了，学习还是快乐的

和康康谈过话后，我又进行了多次的家访，并和孩子的家长商量好，要给孩子一些鼓励，当孩子有了一点进步时，及时给予表扬；当孩子碰到困难时，不要溺爱，要帮助他克服困难。

回到学校，我又和康康签了一个君子协议：连续一个星期认真做作业，奖励他一颗五角星；考试及格奖励一颗五角星；背书背得好奖励一颗五角星；满五颗五角星，下一次单元测验可以增加 5 分。这样，提高了他学习的积极性，也培养了他良好的学习习惯。不仅如此，我还挑了班上两个读书较好的同学和他做朋友，在学习上帮助他。平时孩子们一起读书、写字、做游戏，他感受到了同学的可亲、集体的温暖，从而进一步去除了自己的厌学心理。

后来我又联合数学老师和英语老师，一起对他进行分层教学，适当地对其降低学习要求，培养他的学习自信心。当然在帮助他的同时，我们又用了榜样法、愉快教学法等，达到了较好的效果。

经过学校、家庭和康康的共同努力，康康的厌学情绪渐渐地消失了。现在，即使他真的生病了，也要父母来请假，并问清要做的作业。功夫不负有心人，经过努力，康康的学习成绩也有了较大提高，数学第二单元还考了 78 分。他高兴得手舞足蹈，激动地说："我成功了，看来学习还是很快乐的。"看到他这副模样，我又及时表扬了他，并鼓励他继续努力。事后，他妈妈也激动地说："看来不能溺爱孩子。在老师的帮助下，康康学习进步了，我们也会继续配合老师，使他进步更快。"

现在，康康活泼了，快乐了！这不，在会演中，他还给大家表演节目呢，一曲《梁山伯与祝英台》让大家为他鼓掌喝彩！

看到他的进步，我也特别高兴。其实，康康的成长过程，一定会有反复的，我将继续努力，使之快乐健康地成长！

案例反思

　　最好的鞋子不是那双价格最贵的，也不是那双款式最时尚的，而是那双穿着最合脚的。同理，最好的教育就是最适合孩子发展规律的教育，是孩子感觉最好的，而不是我们教育者以为最好的。康康的家长心疼孩子，什么都答应孩子，最终康康害怕困难，成了一个喜欢逃避困难的孩子。现在康康变得活泼、开朗、爱学习，并且能直面自己的缺点，家长很感谢我。其实，我也没做什么惊天动地的事情，说到底就是帮助孩子正确地面对自己成长的一段特殊经历，关爱康康的心灵，减轻他的学业负担，激发他的学习热情，让他渐渐地爱上学习。对于康康来说，往后的日子，他还要付出很多艰辛的努力，但我坚信：迟开的花，一样鲜艳！

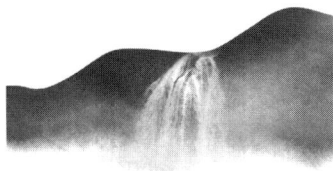

让孩子在挫折中成长

长港路小学　孙静

案例背景

　　休完产假回到学校，我接了这个五年级的班。班上有个叫小峰的孩子，外号"调皮大王"，对他的名字我并不陌生。刚到班上的第一天，他给我的印象挺可爱的。但一开始上课，麻烦就来了，他趴在桌子上，埋头睡觉，课本放一边。我一看，真想狠狠训他一顿，可仔细一想，第一节课总得给他留一点面子。于是，我走到他身边，靠近他的耳朵说了一句："请坐端正些，好吗？"他一听，眼睛直盯着我，也许是看见我脸上的笑容，不一会儿，他果真坐得端端正正的。

　　我暗地里高兴，这张感情牌果然见效。针对小峰的表现，我进行了家访，发现因其父母忙于工作，他在家的大部分时间是与爷爷奶奶以及姑妈等人在一起。孩子是几代单传，自幼在亲人的百般呵护下成长，备受宠爱，被家里所有人视为掌上明珠，是家中的"小皇帝"，不管提出什么要求，最后都能如愿以偿。久而久之，便形成倔强的个性。在学校里，他喜欢在同学面前耍威风，出风头；脾气暴躁，易冲动，与同学关系不好；自制力差，意志力薄弱，遇到挫折就大发雷霆，经常赌气。从家长的话语中，我了解到其家长知道孩子抗挫力差等问题，但是由于他的学习成绩优异，家长就对孩子的问题听之任之，顺其自然，极少对他进行针对性教育。

案例描述

一开始，我采用摆事实讲道理的方法对小峰加以引导，让他认识到，在生活中，遇到挫折是不可避免的，关键在于怎样正确对待挫折。记得在学期初竞选班干部时，他以为自己能轻而易举地当选，结果却落选了。为此他大发脾气，同学们也对他避而远之。后来，他正视了自己的缺点，想参加第二次竞选，但缺乏足够的信心。针对这一情况，我对他说："其实你很优秀。"一听这话，他红着脸问我："老师，这是真的吗？"我点了点头。只见他又犹豫了一下："假如选上了，我能行吗？"我说："只要对自己有信心，发扬自己的优点，纠正自己的缺点，你准行的！"听完这句话，他高兴地走了。竞选会上，他用坚定的话语，博得同学们一阵热烈的掌声，当选了"卫生委员"。

抗挫折能力要在挫折中获得，我故意在劳动中让小峰做一些消耗体力的劳动，让他真正体会劳动的艰苦。因为这不仅能培养他的吃苦精神，还能培养他的韧性。开学初的劳动，他尽量挑轻松的活儿干，遇到重活儿，他就退却了。这时，我就采用激将法，对他说："你长得又高又胖，力气最大，这活儿该你包了！"他听后，吐了吐舌头，硬着头皮干了起来。从那以后，他得了个"大力士"的雅号。有了这个雅号，他干活再也没有偷懒过。在劳动中，他不仅出尽了风头，也尝到了战胜挫折的甜头。

应对挫折需要具备一定的知识和技能。我觉得只有让他在竞争中经受锻炼，磨砺坚强的意志，才能培养他的韧性、耐挫力和受挫后的恢复能力，才能使他从外界给予的肯定中得到幸福，并从内心深处激发一种自己寻找幸福的本能。这样，他才能在任何困难和挫折面前泰然处之，保持乐观。后来我推荐小峰参加数学竞赛，第一次他因怯场而名落孙山。我鼓励他："虽然这一次你发挥得不好，但毕竟是第一次，只要你有信心，无论有多大的困难，你都能战胜的。"他听后喜笑颜开，答应我参加下一次竞赛。

为了帮助小峰，我还主动与家长联系。我常通过家长会、家访、电话联络等途径了解他在家里的表现，建议他的家长适当让他做些家务，以增强他的耐挫力。经过一段时间，他逐渐懂事了：父母下班，他能端茶送水；爷爷奶奶生病，他就急忙去探望……

/案例反思

　　经过一个学期的教育，小峰同学的抗挫能力明显得到提高，各方面都有了不同的进步。因此，我相信只要老师对学生多些谅解，即使是"调皮大王"，在"精诚所至"下，也能"金石为开"。

　　同时我们也要取得家长的配合，让家长们意识到他们是孩子的第一任老师，家长也应经常反思，改进不足，提高家教水平，不能"只养不教"。学校是教育的主阵地，家长应密切配合老师，与老师一道齐抓共管，这犹如车之两轮，鸟之两翼，是相辅相成，不可或缺的。让孩子永远心情舒畅，永不受委屈，这是家长所希望的。可是今天你为他铺好了平坦的道路，明天谁为他披荆斩棘，遮风挡雨，铺路垫石呢？因此，家长应和老师保持一致，时时提醒自己：今天既要为孩子准备他在未来生活中乘风破浪前行的条件，也要为他打下在逆风中行进的基础。

努力成为一朵云

大兴第一实验小学　周晓雯

案例背景

　　刚开学没几天，当我还没有记住所有孩子名字时，有那么几个男孩的名字却清晰地印在了我的心里，因为每次上课他们总会做些违反课堂纪律的事，比如讲话、做小动作、开小差、交头接耳等。这些孩子中有个小男孩名叫黄文锦（化名），个头小小，睫毛弯弯，眼睛滴溜溜地转，看起来挺机灵的。

　　一个月之后，班上开家长会，在美丽能干的徐老师的帮助下，我们顺利地结束了家长会，家长们陆陆续续地走了，几个关心孩子学习近况的家长主动留下来，详询孩子们最近的表现。当几个妈妈都在七嘴八舌地和老师热烈地交流时，我注意到其中一个妈妈一直安静地站在一旁聆听，甚至没有和老师打招呼，大概是不太好意思打断其他家长的话，但又十分想知道孩子的情况，所以没有离开。于是我主动问她是哪个宝贝的妈妈，她告诉我是黄文锦的妈妈。宝贝确实和妈妈长得很像。我如实告诉了她孩子的近况之后，妈妈的眼神有些躲闪，不断告诉我，她为这个孩子花了不少心血，每天的作业都亲自检查和督促，但孩子在学校的表现还是不尽如人意。说的时候，她眼眶微微泛红。比起刚才几位眼神充满喜悦和期待的妈妈，黄文锦的妈妈显得有些不太好意思，说话的时候双手不知放哪儿，显得比较拘谨。我知道，这一切可能是她觉得自己的儿子不如刚才那几位妈妈的孩子。

案例描述

送走黄文锦妈妈后的一天早上，我一如既往地按时来到班上，孩子们也像往常一样不断跟我问好，我也一一回应。一会儿后，黄文锦宝贝来了，他走到我身边说"周老师早上好"的时候，我正在跟另一个孩子说作业的事，没来得及抬头，就顺便回应了一声。他说第二遍"周老师早上好"的时候，我仍然没有抬头。于是他拉住我的手往他的方向拽，一直等到我抬起头看向他时，他说了第三遍"周老师早上好"。当我看着他双手拉着我的胳膊，一双乌溜溜的大眼睛看着我，嘴里认真地说着"周老师早上好"时，我的心融化了，顿时撒娇一样地回了一句："宝贝早上好！"他居然害羞地低头笑了，可能是听到我喊他"宝贝"，觉得有些不好意思。我和这个小宝贝之间似乎发生了某些奇妙的变化。

之后的每天早晨，我都会听到一句十分认真并且等待我回应的"早上好"。我慢慢地喜欢上了这个孩子，我觉得他很可爱，每天他的那句"老师早上好"是真诚的，让人心生欢喜的。我不免对他多了几分关注。

突然有一天，黄文锦的"彩虹桥"（一种家校联系本）上出现了这样一段文字：

11月13日

黄文锦妈妈：真不知如何激发孩子的学习兴趣，让他各科都能均衡发展。我发现他喜欢语文一些，他每次都是先做完语文作业然后才做数学。数学试卷总不能在规定时间内做完，让他背乘法口诀，他也是不情愿。没办法，我只有不停地催他背。

徐老师（数学老师）：周老师在黄文锦身上花了不少心思，让周老师跟宝贝聊聊吧。

周老师：黄宝贝！今天回家好好复习乘法口诀！周老师明天抽查你哦！

11月17日

黄文锦妈妈：谢谢老师们对黄文锦的鼓励。我们家长再多的表扬也不及老师您的一句话。今天黄文锦上床睡觉后，我翻看他的作业，发现错误的地方不是很多。这几天我感觉他写字也稍微认真了一些。谢谢周老师，让您多费心了。

11 月 25 日

黄文锦妈妈：感觉到周老师的良苦用心起作用了，黄文锦的字迹比以前工整多了，错误的地方也少了。他回来很高兴地说周老师要他带全班同学一起朗读，还说他最近表现好，徐老师也很喜欢他。看到他这样开心地在学校里学习，我们家长也很欣慰。我们家长再怎么说都没用，孩子都听老师的。他现在还有一点需要改进，就是做作业的速度太慢，不爱主动做数学作业，希望老师们继续鞭策他。

徐老师：老师发现宝贝有变化，一定会大力赞美孩子、支持孩子的，希望宝贝保持这种学习劲头，快快成长！

案例反思

教育就是爱的艺术！回忆起过去的教学生涯，我曾多次对孩子发脾气，顿时觉得很惭愧！我想起了一位长辈曾经在餐桌边送给我的两个字："温"和"静"。教育学生，就需要老师"温"与"静"。如果说教育意味着一棵树撼动另一棵树，一朵云推动另一朵云，一颗心唤醒另一颗心，那么我们就要首先做那棵树、那朵云、那颗心……

她变了

振兴路小学　郭俊

案例背景

在振兴路小学一年级（2）班，你会看到这样一个小女孩，个子矮小，扎一个马尾辫，眼睛很亮，但有点呆滞。每天奶奶早早送她上学，下午早早接她回家。奶奶每天把她收拾得干干净净，漂漂亮亮的。但她每天低着头做自己的事，从不和同学们玩和说话。这个小女孩叫苗苗。

案例描述

开学第一天，奶奶送孩子上学，一进校门苗苗就号啕大哭，不愿上学。我走过去牵起她的手，蹲下来摸摸她的头，问她怎么了。孩子一句话也不说，只是哭。我跟她说，我们长大了要学会独立，到学校里和小朋友们一起玩，一起学习知识，做一个有用的人，她还是哭。没办法，我让奶奶把孩子领进校门，送进教室。与奶奶交谈后我才知道，这个孩子一岁到三岁跟着爸妈在沈阳生活，爸妈经常吵架，孩子受到惊吓，变得很胆小，奶奶看见这种情况，就带着苗苗回到武汉生活。后来苗苗在幼儿园里受到一次惊吓后，就不怎么说话了，总是自己玩自己的。现在上小学了，苗苗的情况也不是很乐观。开始学拼音了，她不出声不张嘴。下课后，我把她搂在怀里教，我说："苗苗，今天你好漂亮。"她笑了笑。我看有戏，就说："你只要开口发'a'的音，我就让你出去玩。"她听了，看看我，好像不相信我的话。我说："是的，只要你开口说话就行。"她低着头，什么话也不说。

学生们都围了上来，我让学生走开，她仍然没吭声。在她旁边的一个小女孩拉着她的手说："苗苗，你读。"苗苗看看她，小声地发出"a"的音。我高兴地说："苗苗，你真棒。"我跟那位小女孩说："你今后跟她玩，教她读拼音，郭老师给你奖小红花。"她高兴地笑了。

下午放学，我把苗苗留下，找苗苗的奶奶谈话，跟奶奶讲苗苗在学校的情况，教奶奶在家如何辅导孩子，让奶奶买学拼音的碟子、卡片，让她在家没事的时候放给苗苗看，让她学习。奶奶很配合我，按要求辅导孩子的学习。

在学校学拼音的那段时间，我每天让苗苗跟着我，只要她读对了拼音，写对了拼音，我都奖励她红花，还买来棒棒糖、巧克力给她吃。下课让班上的小班干部跟她玩，教她读拼音、认字。

渐渐地，她的性格变得开朗起来，开口说话了，上课也回答问题了。只要她回答对问题，我就会在班上大力表扬她，回家后奶奶让她做作业，她能按要求做完。她慢慢地爱上学了，每天早早来到学校读书，读《弟子规》，下课和同桌玩。记得第一次考试，我站在她的身旁，我读一题，她做一题，她考了65分。第二次她考了70分。她一次比一次考得好，第一学期期末考试竟然考了83分。她变了，性格开朗了一点，能主动学习，主动做清洁，主动与他人玩。但是她的注意力还是不能集中，上课、做作业、考试，都存在一些问题。

读二年级时，苗苗家搬到了汉口花园，她仍然是由奶奶每天早早送到校，下午早早接走。见到老师、同学，苗苗会主动问好，但性格还是有点内向，只跟同桌和座位前后的同学玩。她不会跳绳，课间看着同学们跳，很羡慕的样子。我走到她跟前问她，是否想学跳绳。她点点头。于是我给她买了一条塑料绳，下课后开始教她："先把绳子放在身后，然后两手将手中的绳子向前摇起来，听见绳子在地上发出'啪'的一声，双脚跳起。这样就可以算跳一个了。"说完我做了一个示范，同学们都围上来，一边看我跳，一边数数。我把绳子给苗苗，让她照着我的样子跳。她一开始不会，后来只要是课间时间，她都会练习跳绳。在同学们的帮助下，在她自己的努力下，她终于学会了跳绳。我班同学人人会跳绳，个个会跑步。在区体能达标检查中，我们班代表学校接受检查，成绩很不错。除了跳绳有进步，苗苗的学习成绩也还可以，每次考试都能考七八十分。

现在苗苗读三年级了，住那么远，不管是刮风，还是下雨，都没有迟到过。我看着有点心疼，奶奶年纪已大，每天都要挤公交送孙女上学，为了孩子，也为奶奶安全，我跟苗苗奶奶谈过让她转学的事。可奶奶始终不同意，说孩子好不容易跟班上的同学熟悉了，学习成绩比较稳定，而且孩子喜欢我。她说不转学。从那以后，我再也没提让苗苗转学的事了。每天上课我都加倍地关心她，每节课我都会点她回答问题，问题由易到难。当她回答正确后，我会大声表扬她，给她树立自信心。

记得我上完第四课《老师领进门》后，我让学生写一篇作文《我的老师》。她写的是我，讲她生病时我是如何照顾她。她在文章中写道："我的班主任郭老师是我最最喜欢的老师，她不但教我知识，还关心我，爱我，就像妈妈一样。我真想喊她'老师妈妈'。"我既感动又欣慰，在本子上打上了一个大大的"甲"，还写上了批语：你是一个善于观察事物的孩子，我从字里行间能感受到你对老师的情感是那么真挚。不错，是篇优秀作文，希望你今后继续努力，写出更多更好的文章来。我还让她在班上读了这篇作文，同学们都为她鼓掌、喝彩。有一次开家长会，我组织孩子们搞了一次诵经典、习汉字的展示活动，让家长们看看孩子们三年来的收获。当家长们看了苗苗表演的古诗连诵后，都为她鼓掌喝彩，不停地称赞："苗苗不错，这孩子变化真大。"

案例反思

看到苗苗一点点地进步，我真为她高兴。是苗苗让我认识到，学生个体是有差异性的。作为老师，要尊重这种差异性，同时也要发现孩子的闪光点。爱，是要抓住各种契机教育孩子，帮助孩子们克服一个又一个的困难，让他们真正感受到我们爱他们。我坚信只要你付出努力，就一定会有收获。

挖掘闪光点，赏识孩子

振兴路小学　余雪梅

案例背景

罗丹曾经说过：生活中不是缺少美，而是缺少发现美的眼睛。教育的过程中同样不缺少美，而是缺少发现美的教育方法。

赏识教育作为一种先进的教学理念，它教会我们用智慧的双眼去发现孩子身上的闪光点，用平和的心态去面对孩子的优缺点，从而使孩子在受教育的过程中，感受到自身的价值，以良好的心态去面对学习，面对今后的道路。

抱怨教育是盯着孩子的弱点和短处，使孩子自暴自弃，在"我是坏孩子"的意识中沉沦；赏识教育是注重孩子的优点和长处，让孩子在"我是好孩子"的心态中觉醒。

"赏识教育"是承认差异，挖掘闪光点，允许失败的教育，是让孩子舒展心灵，尽展潜能的教育。作为教师，我们要拥有赞赏学生、鼓励学生、激励学生发挥潜能的能力。

案例描述

那一次，我在班上主持"夸夸我自己"的主题班会，我要把赏识的风气带给孩子们，让赏识成为我们班的班风。

在班会上，我面带微笑，用信任的目光望着全班学生，说："今天，我让同学们写写自身的优点，看看自己有哪些长处，学会赞赏自己。"话音未落，全班炸开了锅。这个说："真新鲜，哪有自己赞赏自己的。"那个说："老师，缺点还写吗？"我笑着鼓励孩子们多写自己的优点和长处，不要太过谦虚。听了我的话，同学们纷纷写了起来。

过了一会儿，我发现班上成绩最差的学生陈斯童一字未写，他急得抓耳挠腮。学习上的劣势使他饱尝了失败的痛苦，让他失去了自信。他时常感觉到自己处处不如别人，所以在班上发言时，总是低声细气，连头都不敢抬。此刻，鼓励他树立自信心的机会来了。于是，我让同学们帮他找闪光点。王倩雯同学说："他热爱班集体。去年运动会他没有比赛项目，就主动帮运动员拿衣服、拎板凳，咱们班取得的优异成绩也有他的功劳。"马兰兰说："他经常帮助值日生打扫卫生区。"娄佳说："他主动帮助同学修理课桌椅。"……听到同学们热烈的赞扬，看到老师和同学们赞许的目光，他感动了，不好意思地低下了头。他第一次体会到了受人赞赏的喜悦。打那以后，他发生了许多变化。他上课敢回答老师提的一些简单问题了，学习比以前主动了，多次得到了科任老师的表扬。

班上的殷兴程同学文明守纪，就是胆子特别小，不敢在课堂上发言，也不敢向老师请教问题，因此学习进步得很慢。我也多次课后找到他，鼓励他大胆发言和提问题，但他还是很胆怯。在一次公开课上，我发现他听得很用心，我想今天有这么多的听课教师，他一定不敢主动回答问题，但如果今天我借此机会让他发言，他一定会尽力表现好的。一旦他尝试了在这么多人面前发言，以后胆子是不是就会变大呢？因此，在发现他听懂了的情况下，我有意问了他一个简单的问题。他虽然很紧张，但还是完整地回答了问题。我十分赞许地看着他，并且给了他高度的评价。他的脸立即红了，脸上有抑制不住的兴奋之情。从那以后，他果然胆子变大了，学习也进步了。

我们的班长李好是一个女同学，工作大胆细心，我经常称赞她说："你真是老师的好帮手，有了你，老师省力多了。"她听了，工作积极性更高了。

课堂上，我经常对主动回答问题的同学说"你很聪明"，或"你的想法太妙了"。批改作业时，我经常给一些同学写批语：你写的字真漂亮；老师为你感到骄傲；你很能干……一句句赞美的话，像一股暖流沁入学生心脾。学生自然心花怒放，充满信心。

还有一次，我的女儿美滋滋地告诉我，数学老师找她谈话了，说一看她的作业，就知道她假期练字了——字大有长进（老实说，女儿的字在我看来真的进步很大）。要知道，数学老师去年教她时，女儿没少挨批评。从女儿眉飞色舞的表情上，我看到了赞赏的力量。

案例反思

　　当你和孩子们真诚相处、以心换心时，当你熟悉了学生的一切时，你会发现，每一位学生身上都有闪闪发光的东西。相信他们能行，让他们感到自己是有能力的，可以使他们从自己身上，而不仅仅是从别人的赞赏中获得自信。一份小小的赏识，能照亮一个人的一生！

　　尊重与赏识开启了孩子的内在驱动力。儿童幼小的心灵是十分脆弱的，任何打击都会使它畏畏缩缩、自卑自怜。而一次不经意的表扬，一个小小的鼓励，都能让它充满向上的力量。赏识，是唤醒学生自我价值的号角；赏识，是开启学生奋斗之心的钥匙；赏识，是滋润学生心灵的雨露；赏识，是使教师成长为教育家的法宝。因而，在教育教学中，教师应注重孩子的优点和长处，用赏识激励孩子，帮孩子找回自信，让孩子在"我是好孩子"的意识中快乐成长。

为垃圾食品买单

华苑小学　郭艳

案例背景

学校周边有三四家小卖铺，主要售卖学习用品和一些质量不合格的零食。我在班上多次强调，禁止购买那些"三无食品"，并一再强调那些食品可能带来的危害。可总有一些学生抵挡不住诱惑，放学后偷偷地去买。

案例描述

这天，我刚走进教室，就有学生向我举报："郭老师，夏子涵又买垃圾食品了。"我记得，他已经是第三次买了，前两次买的都被我没收了。当时我就宣布"只要发现一次，就没收一次"，他却露出一副满不在乎的表情。事后，我觉得这种简单的没收，对他没什么触动。

听了同学们的举报，夏子涵主动交出了食品。我问他："买了什么好吃的？""牛肉辣条。"全班同学几乎一起回答。"夏子涵，辣条多少钱一包？""一元。"他声音很低沉。"这么便宜，我买了。"我掏出一元硬币递过去。他很不好意思地说："郭老师，我不要。"我把钱硬塞到他手里，拿过食品，掂量了一下，还挺沉，便顺手扔进了垃圾桶。我没有过多解释，只是宣布："以后，只要发现有同学买垃圾食品，我都会买下来。"大家一脸惊讶。

孩子们的心都是善良的，看着老师代他们受罚，内心深处总会产生触动，这种触动足以纠正他们某些错误的行为。接下来的一个月，孩子们买零食的现象虽然大为减少，但我还在为垃圾食品默默买单，支付一元、两元、五元……这在我的意料之中，他们毕竟是自制力不强的孩子啊！我这样做不是在考验他们的善良指数，而是在等待打破沉默的时机。

终于在班会课上，我主动提出："大家愿意看着老师就这样被罚吗？究竟应当由谁承担责任？"经过一番讨论，孩子们明白了要为自己的行为负责，学生出错老师受罚，其实是剥夺了学生负责任的权利。他们还说已经想好了如何承担责任，但暂时保密。后来，我再也没有为垃圾食品买单了，真的很欣慰！

元旦那天早晨，教室里早已布置好了鲜花和彩球，阳光照进来，一派浓浓的节日气氛。班长当着全班同学的面交给我一个纸袋，说："郭老师，这里是同学们还给您的钱。请放心，这是全班同学捡饮料瓶换来的。还有些结余，我们买了鲜花和彩带，把教室装扮得很喜庆，迎接新年的到来。"我感动地连声说："孩子们，谢谢你们，你们长大了。"

案例反思

　　面对垃圾食品，我从围追堵截式的"没收"到"买单"，其用意在于用良心唤醒、激发学生强烈的责任心。"要为自己的行为负责"，孩子负责心态的形成也需要老师积极的诱导和启发。信任催生责任，要相信孩子的纯真、善良和潜力。在漫长的人生道路上，孩子们会遇到很多十字路口，需要他们凭着良心和责任心做出选择。我所要做的就是给他们播下良心和责任心的种子，坚持做一位"麦田的守护者"。

爱的班级

爱 的 信 笺

大兴第一实验小学　敖迎春

案例背景

　　临近期末，平日眼里冒着灵光的殷其乐显得心神不宁，终于，考试头一天，她把一张小字条塞进了我的手里，眼里还闪烁着委屈和不安。

敖老师：

　　不知道为什么，冯梓烨那一帮同学总是针对我、排挤我，我做什么她们都觉得我不好，也不和我玩。我觉得我对她们挺好的，不知道什么事情得罪了她们，让她们这样针对我，我觉得特别难受。老师，您能帮帮我吗？就算我有做错的地方，也要让我知道什么地方不对吧！

殷其乐

2012 年 1 月 22 日

案例描述

　　看到这张纸条，我仿佛看到小时候的自己：和好朋友闹别扭了，看到她和别的伙伴打成一片，心里羡慕、难过、委屈、气愤，不是滋味。想主动搭话吧，拉不下面子；赌气放弃，从此陌路吧，又放不下多年的交情。时光过去这么多年，我已成人，没有了当年的困惑。但孩子的情感世界其实和我们小时候一样，依然如此丰富，如此独特。殷其乐遇到了和我当年一样的问题。找冯梓烨团队谈话？不妥！这群小精怪一定知道殷其乐将此事告诉了老师，这样处理会火上浇油的！让冯梓烨团队和殷其乐面对面谈话？也许可以，但当着老师的面，说出的会是真心话么？会不会碍于老师的压力，表面协商解决了，实际却更激化了矛盾呢？我思忖着。

　　晚上回到家，我心里依旧难以平静。我突然想到，其实，这样的矛盾岂止在这两个孩子身上！孩子的委屈又岂止这些！怎样不动声色地化解心结，能让更多"结怨"的同学一笑泯恩仇呢？我灵机一动，计上心来……

尽情倾诉吧

　　"同学们，经过一个学期的努力，我看到，不管在学业上，还是在生活上，你们都有许许多多的进步与收获。不过，我也相信，在与伙伴们的相处中，你们也有过这样那样的矛盾、委屈、别扭。

今天是学期的最后一天，我想，冤家宜解不宜结，这些烦恼与委屈也许让你们憋得难受。这样，我们不如把心里的矛盾、憋屈告诉对方，让对方了解你的感受和真实的想法，然后好好沟通，解决矛盾，把烦恼统统留给过去，用快乐迎接新年新学期，好吗？"

"好！好！"听了我的话，好几个同学不由自主地鼓起掌，殷其乐的眼睛里闪烁的是惊讶，是惊喜！

"用什么方式说自己的心里话呢？我想，当面说可能会很尴尬，双方也可能急于辩解，从而导致新的冲突。引发更大的争论不是我们的目的，倾诉自己的想法，倾听对方的想法，解决矛盾才是最重要的。所以，我想用信的形式娓娓道来最合适不过。你们平时有什么话想和对方说，又不好当面说，就写信吧！注意两点：这封信一定要用事实说话，不要让对方不清楚事情的起源，摸不着头脑；第二，注意写出你当时的真实感受。"

我话一说完，班上便炸开了锅："老师，什么事都可以说吗？""老师，可以多给几个同学写吗？""老师，我跟同学没矛盾，想给有些不够努力的同学写，行吗？""我能给班干部写信吗？"……

"可以，可以！"我忙不迭地点头。

最后，我们约定，放假拿《学生手册》的那天，大家同时把信带来。

令人惊叹的孩子世界

这天一大早，我一走进教室，同学们便拥了上来。花花绿绿的信笺，狡黠的笑容，让我充满了期待。

我笑着说："同学们，这花花绿绿的信笺里，藏着我们的小秘密。老师是你们的大朋友，老师发誓，绝不向任何人透露你的秘密。但如果你们需要老师调解或支招，老师会帮助你们的。"

我知道，孩子的世界会有很多秘密！哪怕你自认为深入民情，也难以知道孩子们真实的世界啊！所以，这样的机会，我岂能错过？

信里有多少纠结、心酸，有多少委屈、懊恼，有多少感动、期待啊！在这里，我挑选了几封信展示如下：

我没想到作为朋友的你当着老师的面指出我的问题，我认为你背叛了我，我很伤心，所以一怒之下与你绝交。我真的不知道你竟如此珍视我们的友谊，我给你带来这么大的苦恼，真对不起！让我们再做朋友，做一辈子的好朋友，好吗？

——冯梓烨致殷其乐

下课了，是你陪着我玩；放学了，孤零零的我留在操场上，你会停下回家的脚步，陪着我；那一次，我爷爷去世了，我请假回家了，好几天的作业都不知道，是你天天打来长途电话，那一刻，我懂得什么叫作朋友的情义！

——戴朕威致余逸飞

灵子，丢失画报的事情我有不对的地方，当时我还没有意识到那件事需要我负责。我不够认真，让大家受到连累。但是，我多么希望你当时不要那么强势，让别人无话可说。我当时真有想哭的感觉。

——刘文静致乐丁灵子

张璨璨，我真想对你说："别这样！整个班就是一个大家庭，应该和平相处，男生开朗，女生淑女。可这一切因为你的到来而改变了，你本是机灵漂亮的女孩子，可你的暴力倾向让班上鸡飞狗跳，好好的大家庭搅成了两派。男生有时候是很无聊，激怒我们，可你不能和他们好好谈一谈，将心比心吗？我曾多次找你谈这个问题，你总是以'是他们先惹我的'为借口逃避，可你是否想过，你和他们好好谈谈，不就可以大事化小，小事化了了吗？"

——周子欣致张璨璨

一只美丽的蝴蝶在还是虫茧的时候努力挣脱茧的束缚，才能成为翩然起舞的蝴蝶。而你，幼年时期不努力，长大后会变成那只美丽的蝴蝶吗？俗话说，少壮不努力，老大徒伤悲啊！

——周旻杰致廖生羿

不要以为有一个聪明的头脑，有一个优越的家庭，你的成绩就会好。你一定要有自己的目标，有一颗愿意为目标刻苦付出的心。学习是自己的事，家长管你，是你的幸运；家长不管你，你就得自己刻苦，因为学习是你自己的事情。

——顾诗睿致黄思雅

我原以为作为班长的你会在混乱之中大喝一声：大家安静！哪知你还故意制造混乱："老师声音太小，你可以学学动物叫啊！不如我们用腹语吧！"我当时觉得，这是真实的你吗？这是我们的班长吗？

——张艺展致李秋实

你是数学课代表，本应该更有责任心才对。但有时你的行为让人觉得不太负责。比如有时你抄在黑板上的作业抄错了，就静悄悄地改掉了，也不跟我们说，结果害得我们好多同学挨了老师的批评。我们的心里多委屈啊！

——余逸飞致夏祥威

一封封充满真情的信件震撼着我的心灵，怎样让这些珍贵的信件发挥最大的价值呢？

倾听对方的声音

开学了，把烦恼留给过去，把崭新送给未来。信笺背后的故事，不正可以教育孩子"悦纳自己，善待他人"吗？结合学校文化主题，我开门迎新，以"悦纳——与世界把酒言欢"为主题，把孩子们的信笺拿到班上，让收信人和寄信人分享他们的故事。孩子们畅所欲言，解开了心结，成了更好的朋友。

案例反思

现代社会的生活节奏变快了，很少采用书信的方式来沟通交流了，但实际上写信是一种能够委婉表达感情的交流方式。而且写信还能锻炼人的表达能力。通过这种方式，孩子们现在更加团结友爱了。这不，当我问道"殷其乐同学长期一人独坐班级最后一排，很孤单，谁愿意和她同坐"，冯梓烨咧开嘴，露出两颗小兔牙，跳起来："我去！我去！"

她们笑了，我也笑了，大家都笑了！

打开孩子财商体验的大门

红领巾学校　吴琪

案例背景

　　"一花一世界，一叶一菩提。"每个孩子都是一个独特的生命个体，都具有丰富的心灵世界。唯有从孩子的视角出发，珍视每一个人，倾听每一个人，发现和赏识每一个人，他们才会有强烈的自我认同感，学习和成长才会更有动力。老师要陪孩子做更好的自己，坚持从孩子的视角去发现不一样的需求，在各种活动平台中，整合家、校资源，合力打开孩子"体验"的大门，帮助孩子们自己成长。

　　六年级时，我为孩子们量身打造了财商特色活动课程。我和孩子们同读财商书，同上财商课。在班级银行专场活动中，孩子们现场体验书中所学；在玩转理财特色活动中，孩子们分享自己的理财计划，讲自己压岁钱的使用情况，到菜场去体验"小鬼当家"——每个小组花100元，买回5个家庭中午吃饭的食材。在元旦产品推介会中，孩子们大显身手，制作推介新品，设计推销计划。这整个活动过程让孩子明白凭劳动和智慧赚钱是最棒的。

案例描述

对于孩子而言，从书本到实践，他们到底获得了什么？让我听听同学们的经验分享。

赵一凡同学：我们的小店由五个女生经营，店名叫"七厘米阳光"，虽然产品没有男生店里的那么多，但是胜在制作细腻与精美。开店前，我们做了充分的准备：①调查需求，构思产品雏形。女生都爱美，都爱戴发饰，可是同学们在市场上买的发饰太过成熟，儿童发饰又太过花哨，女生需要的是简单大方的发饰。于是我们决定用彩带制作发卡。但店里只卖发卡太单一，所以我们决定再做些有创意的东西，就自己研制出一种纸花，搭配发卡一起卖。②巧用资源，制作产品。我们的店员杨晨玥的妈妈从事的是美术方面的工作，我们就让杨晨玥负责向她妈妈取经，然后传授给我们。在大家的努力下，一件件精美的产品诞生了。③布置温馨场景。为了让我们的产品从众多店中脱颖而出，我们决定在布置卖场上下一番功夫。我们将纸花插在玻璃瓶里，再将发饰放在一个白色盒子里，再搭上浅色桌布。这一股文艺青年的味道，吸引了众多人的目光。这次我们的销售业绩较为突出，我们成功的关键还是在于满足了大伙的需求。

邓子和同学：我和李知霖同学一起成立了一个糖葫芦食品有限公司。我们销售糖葫芦共获得250多元的班币。根据卖出的产品的多少来分钱，我分得了100元。做好糖葫芦串后，我们首先商量如何定价。爸爸妈妈告诉我，经营餐馆的利润一般是50%左右。我购买橘子、葡萄等各种水果花费了40至50元，我做了10多串，每串的成本价是3至4元，因此，我把每串糖葫芦的售价定为7元。推介会那天，有那么多同学的产品都要销售，怎样让大家愿意买我们的糖葫芦呢？在和家长商议后，我和李知霖定下了这样的促销方案：第一，第一位购买糖葫芦的同学可享受半价优惠，第二位打七折，第三位降价两元出售。我们希望用这样的方式来吸引更多的同学来购买我们的产品。第二，物以稀为贵。由于我们只制作了一串以草莓为原料的糖葫芦，便打算以拍卖的形式出售，5元起拍，结果拍卖出了20元的高价。第三，在最后只剩少量糖葫芦串，而大家的购买热情已不高时，我们采用了买一串送一串的方式，避免了浪费。这次的活动，让我懂得了产品的定价和成本相关，怎么定价是有学问的；同时，只有采用多种营销手段，才能够在竞争中脱颖而出。

吴琪老师：你们真是一招更比一招高啊，那么把你们的经验总结成一句话就是……

邓子和同学：理财理财，理了才有财。

吴琪老师：邓子和同学凭借自己独特的创新思想获得了成功，周之炫同学，你又是怎么做的呢？

周之炫同学：我是一个 20 余人的小公司中的一个分店店员。我们的小公司是吴鹏同学负责。

吴琪老师：你们公司是怎么运作的，请你和大家一起分享。

周之炫同学：我们店主要卖寿司、三明治和豆浆这三种商品。我的豆浆销售和刘星宇的酸奶销售合并了，因为我没有带杯子，所以我们就决定，买一杯酸奶，续一杯豆浆。

吴琪老师：周之炫同学，我记得你当时的出售速度好像是最快的。不一会儿的时间，满满一盒子的寿司、三明治就变成班币了，你有没有什么妙招呢？

周之炫同学：其实也没有什么妙招，我们出售速度快是因为我们店的食物都是纯手工制作的，没有任何添加剂，美味又可口。还有一个原因，那时正好是下午三四点钟，同学们都饿了，我的产品正好可以用来当作下午茶。

李嫣然同学：周之炫同学太谦虚了，你是用自己的爱心与汗水保证了顾客的健康，并提供了需求。吴鹏同学，你连分店都管理得这么好，那主店还用说吗？快和我们介绍一下经验吧！

吴鹏同学：我们总店和分店，售卖的东西并不相同。主店售卖纸模，分店卖的是食物，总共赚了将近 500 元。《我的世界》这个游戏产品是最先亮相的，而且许多同学喜欢它，一说要做它的纸模，很多同学都参与了进来，因此我们有了很多成员。我充分发挥每个成员的优势，所以获得了成功。我主要讲讲我是怎么分配人员的：1. 手工组：制作纸模，手工好无疑是关键。我给了每一个成员尝试的机会，对比每个人的作品，我发现徐林灿和尉冬诚做得最好，几乎没有一点瑕疵，我决定让他们俩当产品制作员。2. 顾问组：公司需要不断改进，一个人的力量是远远不够的，邱天被我选做顾问，因为他总是给我提意见，经常写信给我，而且，我觉得他的提议都很不错，所以我让他当顾问。刘星宇也是，能及时指出我的不足，我任命他为分店店长。3. 理财组：我自己就是公司理财组的成员，但我觉得一个人不够，更何况我是店长，事也很多，我必须选出一位专职理财的人。我注意到张文达数学很好，做事很细心，我就把他选为了理财专家。

活动结束后我们团队获得了业绩冠军，这让我明白了合理分配的重要性。一个人的力量是单薄的，集体的力量是强大的，精诚合作让我们坐上了冠军的宝座。我们坚信我们是"赚"无不胜的。所以我的理财策略是：整合资源，知人善用。

李嫣然同学：祝贺你们最后都获得了成功。然而并不是所有人都像你们这么幸运。比如说我们团队。我们小店的经历是很坎坷的。我们小店主要是卖一些自制蜡烛、自制笔袋、自制玫瑰花之类的东西。由于成本较低，特色又不很明显，所以生意不是很好。当我看到隔壁的店铺顾客来了一批又一批时，心里极不平衡，因为活动的头一天晚上，我和吕皓若也是忙到很晚的。而我们的员工居然也没有支持本店，跑去买其他店的产品了，真让人伤心。我心想，不能破罐子破摔，便制定了几个方案：第一个方案是上门推销，我们选择了一个顾客聚集地，开始大声宣传我们的产品，不一会儿就有了效果。而我们的员工看到情况有所好转，纷纷跑回店里来帮忙，总算挽回了一点儿损失。但我觉得这样还不够，便采取了第二个方案。我们的第二个方案就是互助互惠，我们和周围的店铺达成了共识，成了联盟关系。他们店出售产品的同时，也要帮忙给我们店做一下宣传，而我们店则要给顾客介绍一下他们店的产品。虽然最后我们还是亏了，但这并不是最重要的。令我印象最深刻的不是班币拿到手的时候，而是和员工一起想办法招徕顾客的时候，而且我并不是一无所获，我收获了阳光，收获了微笑，当然还有快乐。

案例反思

通过这件事，我们发现，即便孩子们的学习平台是相同的，但个体不同，他们的创造性实践成果也是不同的，体验与感受也是不同的！"纸上得来终觉浅，绝知此事要躬行。"鼓励孩子实践，动手创造，学以致用，更利于孩子发现自我，认识自我。

日行一善，让朴实遇见美德

万松园路小学　郑晓菲

案例背景

"青青园中葵，朝露待日晞。阳春布德泽，万物生光辉。"这首《长歌行》描述的是万物生长的美好景象，其中那勃勃生长的园中葵常常让我联想到自己的那些学生。成长的过程美妙而神奇。健康的身体和心态，是滋养孩子的土壤；丰富的感知和体验，是浇灌他们的养分；正确的引导和恰当的舞台，是塑造他们的彩虹与霞光。我的向日葵们，老师希望自己是太阳，能够给你们温暖，带着你们健康成长，伴随着你们从稚嫩走向成熟，从懵懂走向睿智，从怯懦走向坚定。

案例描述

"善"是什么？刚刚步入三年级的孩子对"善"的理解还是

很浅显的，他们只知道借同学东西，帮助别人就是善，并不知道"善"还可以扩展到诚信、宽容、勇敢、谦虚、礼让等方面。在"本色德育"的实施过程里，如何将善行变成孩子们耳濡目染之后的自然行为，是老师需要用心去思考的。为此，我在班上开展"日行一善"的主题活动，要求孩子们每天能够主动关心身边的人和事，将自己真正融入人群和社会，建立责任与担当意识，希望他们能形成朴实善良的美德。孩子们每天记录自己的心路历程，为自己的"善"行点赞。我还在班级群空间开辟了《善的相册》，宣传正能量。活动开展以后，许多家长纷纷参与其中，关注孩子每天的表现，引导孩子做好事，做有意义的事，培养孩子积极乐观的态度。孩子们把借同学纸笔、为班级打扫卫生、安慰生气的爸妈、与朋友产生矛盾后主动和解等事情，都点点滴滴地记录下来。从这些小事中，他们悟出了"善"的真实，体验了美德的魅力！

王书婷在班上年纪最小，做事喜欢拖拖拉拉，虽然机灵聪明，却缺乏恒心和毅力。孩子妈妈和她一起记录《日行一善》，鼓励孩子写下自己的目标和心愿，一点点帮助孩子克服困难。当王书婷认认真真地用并不好看的字记录下自己的每一天后，我看到无数的小伙伴在她的影响下每天进步。大家用最真实和最用心的"我能行"鼓舞自己走上成长之旅。

和办公室一墙之隔的教室，每天清晨准会被不想留名的小家伙们打扫得干干净净。我知道这并非是哪几个孩子的专属，他们每天较劲般抢着做，而且不需要我的认可和表扬，因为为班级做事让他们感到快乐。没错，他们已经达到了美国教育专家雷夫的经典教育理论"六个阶段"的最高境界：我有自己的行为准则并奉行不悖。我一点也不奇怪小小的他们会有今天这样的举动。从最开始在他们心里播撒"善"种子的时候，我就知道，种子的力量将会铸就无数可能！脾气暴躁、自控能力差的王乙霖，因为"善"的履行，他找到了平衡自己的途径。烦躁的时候，他懂得换个方式释放自己；无法面对自己的问题，想到纠结无比的时候，他学会了做选择题——"善我"还是"恶我"。再婚家庭中的泽泽，对妈妈再添妹妹能够表示理解并且满怀感恩。品学兼优的佳佳，克服自己的傲气，能够接受别人的意见，学会接纳他人。因不及姐姐而自卑的奥奥，看到了自己的"可爱"，开始自信，勇于改变自己。缺失父母的亮亮，懂得孝顺爷爷、奶奶，努力进步……

案例反思

"日行一善"活动我们已经坚持了两个学期。从开始的一两句记录自己助人为乐、体谅父母家人的小感悟，到现在的一篇篇畅所欲言的文章，"善"成为他们成长的指导准则。彭星羽的那个漂亮册子里，记载的都是她与同伴们的喜怒哀乐，是她幼小心灵对人世百态的种种初体验，是她最迫切与老师倾诉心底感受的心里话……翻开孩子视为"宝贝"的《日行一善》，我看到了一个个胆小、羞怯、纯真无邪的孩子如何将阳光变成自己的色彩的过程。

教育最大的功德之一是在孩子心田埋下一颗适合孩子生长的种子，一颗健康、美好、远大的种子，一颗开启孩子人生理想的种子。也许并不是每一颗种子都能长成参天大树，但我们不能低估一颗种子的力量，只要有合适的机会它将冲破一切禁锢。对于一个成长中的生命体而言，成长是自我的事，播下合适的种子却是教师必须做的事。

家长讲堂值得一讲

万松园路小学　吴昱

案例背景

　　家长到校讲课，对孩子来说，多了一个认识社会的窗口；对于老师来说，增加了与家长沟通的机会；对于家长而言，则可以更多地了解学校的教学情况和孩子们的学习情况，这将会是一个多赢的局面。

案例描述

　　2014年11月28日两点，一个普通的星期五下午，二（1）班的孩子们满心期待地等着上课，坐在第一排的彭宇鑫眼睛里更是透出激动和欢喜。上课铃声刚刚响起，在走廊上等候多时的彭爸爸就带着一个小纸箱走进了教室，早已按捺不住好奇的孩子们用掌声和笑容迎接第一次走上讲台的彭爸爸。彭爸爸把一盒盒彩泥发到了每个孩子的手里，随后开始了这节特殊的活动课——"开讲啦"第一期家长讲堂。

一个小时的时间似乎过得特别快，课堂上的孩子们认真地听着彭爸爸的讲解，仔细地模仿着每一个细小的动作……下课了，孩子们还围着他叽叽喳喳地问个不停。

说实话，我对彭爸爸的第一印象并不太好。一年级时的那一次并不愉快的交谈，是我班主任生涯中第一次和人急眼。呀，他怎么能这样想问题呢？居然把我对学生提出的"轻言慢行"的要求与影响孩子快乐成长联系起来。那次，我并没有说服这位个性鲜明的父亲。

刚入学不久的彭宇鑫是个性格内敛的孩子，和班上另一群每天说闹的男生比起来，他安静得就像墙角里的一株草。有一天，数学老师对我说："彭宇鑫坐在第四排，好像看不清黑板。"当天放学时，我特地等到了彭爸爸。他好像还记得自己上次拂袖而去的事，表情有些尴尬。"今天我给孩子换了座位。他看不清黑板，您怎么不和我说一声呢？"听到这话，面前的中年男人竟意外地露出腼腆的神情。再后来，他特地把自己业余制作的一件彩泥作品送给我。从那一刻起，这位家长和我的心走到了一起。2014年5月在年级举行的"超级变变变"活动中，彭爸爸又带着他的彩泥作品出战，一举获得"最佳人气奖"。也是在那一次活动后，我们定下了请他来当"开讲啦"嘉宾的约定。

案例反思

一期"开讲啦"家长讲堂，不仅让我认识了更多的教育同行者，更让我亲眼看到了它带给一个孩子的影响。仍旧是坐在第一排，但彭宇鑫的眼神不再躲闪，上课经常可以听到他自信、响亮的发言了，这哪还是当初那个内向的小家伙呀！

这也让我想到一个故事：一只乌鸦打算飞往南方，途中遇到一只鸽子，便一起停在树上休息。鸽子问乌鸦："你这么辛苦，要飞到什么地方去呢？为什么要离开这里呢？"乌鸦叹了口气，愤愤不平地说："其实我不想离开，可是这里的居民都不喜欢我的叫声，他们看到我就撵我，有些人还用石子打我，所以我想飞到别的地方去。"鸽子好心地说："别白费力气了，如果你不改变自己的声音，飞到哪儿都不会受欢迎的。"

而我们每一个人（孩子、家长、老师）的改变，就是由家长讲堂开始的。

好习惯，在细节中养成

汉口辅仁小学　邵海燕

案例背景

　　行为形成习惯，习惯决定品质，品质决定命运。小学阶段是培养习惯的关键期，一、二年级是最佳期。中国古代教育家孔子曾经说过："少成若天性，习惯成自然。"从小养成良好习惯，对人的一生影响重大。

　　习惯靠培养，靠坚持，习惯的力量是一种顽强而巨大的力量。一旦形成，没有十倍百倍的力量，很难加以改变。有良好习惯的人，更容易走向成功。所谓"从心所欲，不逾矩"的境界是可以经过努力达到的。但是培养的过程并不是自然的。它要求我们教师从细节入手，逐步培养孩子的良好习惯。

案例描述

汉口辅仁小学每周四下午有一节特别课堂，每个年级的学生可挑选自己喜欢的科目，在年级内走班上课。其中，最受孩子们欢迎的就属"小小科学家"这门课了。每一节课，孩子们都会分到一份科学小制作的材料，在老师的指导下，亲手完成一件不仅好玩，还能令其他同学羡慕的作品。为了方便装材料和放作品，上这门课的学生每周四都会带一个小储物箱来学校。这本是件好事，可谁又能想到，小小的储物箱竟变成了一个大麻烦。

记得那个周四的上午，我正在课堂上讲课，门房师傅来敲门了。原来，班上有几个粗心的孩子上学忘记带储物箱，家长怕耽误孩子上课，又专程送了过来。门房师傅为送几个小箱子，上下楼梯跑了好几趟。那几个带箱子来的小家伙也不老实，不是脚时不时踢到箱子上弄出声响，就是忍不住把材料拿出来玩，一堂课完全静不下来，其他同学也不免受了影响。课堂教学效果那是可想而知的。怎么解决这个"大麻烦"呢？思来想去，我总算想到个办法。

下一个周四转眼就到了。晨会上，为了让储物箱不影响我们上课，我请同学们在教室里给它们"找个家"，早上一来就把箱子整齐地放好，下午上课再去拿。有的孩子说放在走廊上，有的孩子说放在窗台上，还有的孩子说放在讲台前的角落里。几番比较，最后大家一致同意放在讲台角落里最安全。接着，孩子们纷纷把箱子一个一个摆着放在了指定区域。其中几个孩子的小举动吸引了我的注意。"老师有个欣喜的小发现，想跟大家分享。"我说。"什么发现呀？"最爱说话的小蔡同学赶紧问。"你们看，麒杰很聪明，他在放箱子的时候，知道把写着姓名的那一面朝外，这样拿的时候多方便呀！""是呀，这方法好。"马上有人赞同。我又不紧不慢地接着说："慧敏是个善良、机敏的孩子，她在放箱子的时候，发现摆得太高不稳当，赶紧把自己的箱子放在了旁边，还伸手把几个因匆忙而放歪了的箱子扶正了呢。我真要代表大家谢谢她！""谢谢，谢谢！"几个得到帮助的小家伙赶紧道谢。慧敏羞涩地笑了。"瞧，储物箱终于有自己的家了。以后，请箱子的小主人每次周四上课前都把它们安置好。这样，我们上课也放心了，是不是？""是！"孩子们异口同声地答应着。

储物箱终于有了家，再也不会影响孩子们听讲了。可是，"送货上门"的门房师傅，又在课堂上出现了。趁着这个机会，我把几个忘带储物箱的同学留在讲台上，语重心长地说："你们看，门房师傅每天工作这么忙，还要一遍又一遍地帮我们送东西，不知爬了多少遍楼梯，多辛苦啊！你们赶紧跟师傅道声谢吧！""谢谢师傅！"几个孩子连忙说，小脸上已经有些难为情地泛红了。趁热打铁，我又说："其实，除了谢谢门房师傅，我们还要回家谢谢辛苦跑一趟，为我们送东西的家长。你们说是不是呀？""是的。"几个孩子已经意识到自己给别人带来了麻烦，微微低下了头。"你们看，就因为我们自己粗心大意，给身边的人带来了这么多的麻烦。"聪明的皓文连忙给大家出主意:"以后每周四我们都要记得自己带好储物箱。老师,你可以在周三的时候,提醒我们记在记载本上啊!""对对对,老师还可以在 QQ 上通知家长提醒我们呀!""好的,这些方法都挺好。下周四,我们就争取全部带齐储物箱。好不好?""好!"自信满满的回答声在教室里响起。

经过几次"温馨提示",几次全班表扬,几次班级 QQ 群小展示,小储物箱真的不再麻烦其他人,按时到齐了。当然,其间也有个别同学偶尔会忘记,但只要及时提醒、督促,他很快就会带过来。

案例反思

古人曰:"勿以善小而不为,勿以恶小而为之。"培养孩子良好的行为习惯必须要求他们从点滴小事做起。让养成教育达到"随风潜入夜,润物细无声"的境地。

每周做一次力所能及的小事——带材料储物箱,看似平常,但对一年级的孩子来说,完成起来并不是那么容易。如果抓住这个小小的契机,适时、恰当地加以引导、督促,孩子们也能养成不少好习惯——生活有序、独立自主、尊重他人。同时,老师在和孩子们一同想办法,动脑筋解决问题的过程中,能拉近与孩子的距离,让孩子们易于接受老师的引导。

细节决定成败,习惯改变人生。孩子们的好习惯,不就是在细节中一步一步养成的吗?

日志，点滴记录班级成长

振兴路小学　余雪梅

案例背景

"把自己的教育意图隐蔽起来，是教育艺术十分重要的因素之一。"教育家苏霍姆林斯基的这句话，概括了班主任工作的最高境界。

进入小学阶段，孩子们逐步进入青春期初期，面对孩子们的变化，面对班级中出现的一个个新问题，我摸索出通过组织学生记日志来强化班级管理工作的方法，取得了较为理想的效果。

我组织学生记班级日志的具体方法是：最开始的一轮，挑班干部及写作能力强的学生，任值日班长，负责一天的班级管理并记好班级日志。值日班长要认真观察、细心记录，日志内容务求真实；动笔之前要认真阅读其他同学所写的班级日志，与全班每位同学进行一次心贴心的交流。以后的日子则按学号轮流。班主任每周至少阅读班级日志两次，并将针对某一科任教师的日志推荐给该教师阅读。

班级日志记载了我班主任工作的点点滴滴以及孩子们成长的酸甜苦辣，每次翻开班级日志，都能带给我很大的启发，促使我做好班级管理工作。

案例描述

班级日志有效地帮助班主任解决班级管理过程中出现的一些问题。比如，有时，有的学生卫生值日等工作没做好，一篇日志就适时出现了："望着这一片狼藉的教室，我的眉头不禁皱了起来，多少次在心中默念：我们不要这样，我们应该自己动手改变这一切，但最终没有下决心。今天轮到我做值日，我便拿起工具，把教室彻头彻尾地清理了一遍……呼吸着不再含有异味的空气，悠闲地学习与休息，一切看起来都是那么惬意。"看了这篇日记，我加了一句评语："同学们，想做就做吧，不仅要做，还要做好。"

这篇日志在班级学生中反响热烈，连续几天，班上开展了关于如何加强责任意识的讨论，从此班级的各项值日工作，老师要操心的事儿少多了。

有一次，张子豪将窗帘架弄坏了，他的家长带着工具和配件来学校修理安装，折腾了好几天。大家都意识到了自己的错误让家长买单，十分不应该。此后不仅是张子豪，其他坐在窗边的同学，都养成了轻拉窗帘的习惯。

班级日志中有一篇《凳子，随娄佳回家吧》，说的是娄佳同学屁股坐不稳，爱摇晃座椅的事。此文一出，娄佳自觉将自己坐得东摇西晃的凳子领回家修好稳固好，并让它成了自己的专座。从此，班中那些屁股爱在凳子上折腾的孩子，再也不瞎摇晃他们的爱座了。

……

案例反思

记班级日志是疏导学生情绪的一种有效手段。来自同龄人的切身感受能影响其他学生，真正达到了润物无声的效果。

翻开一本本日志，工整漂亮的字迹、恰到好处的插图、生动流畅的语言，无声地讲述着一个个或喜或忧的成长故事，有了它，孩子们的心灵不再设防。

如今，班级日志已成为师生互诉衷肠、联络情感的纽带和桥梁，更成为记录我们这个班集体成长历程的文字相册！它记录的是童年的欢笑，谱写的是成长的快乐，孕育的是明天的希望！

扬起自信的帆

红领巾学校　王晓英

案例背景

　　我们知道，种子萌芽生长，必须经过黑暗中的挣扎，才会有破土而出的一天；蛹破茧而出，必须经过苦苦挣扎，才会有美丽的翅膀。21世纪的小学生，必须排除人生道路上的种种困惑，克服前进道路上的种种困难，才能在学习、工作与生活中乘风破浪，勇往直前。这样的成功取决于你是否拥有自信，是否拥有积极乐观的情绪和百折不挠的意志。

　　由于物质条件的优越，现在有些小学生缺乏自我能动性，遇到挫折，就灰心丧气，在困难面前总是犹豫不决，甚至逃避。伟大发明家爱迪生曾说："自信乃是成功的第一秘诀。"古往今来，凡是有成就的人无一不拥有充分的自信心。由此可知，自信心对一个人的成才具有多么重要的作用。小学阶段是一个人自信心形成的重要阶段。因此，从小培养少年儿童的自信心应成为每位教师义不容辞的责任。

案例描述

　　自信心是一个人成才所必备的良好心理素质和健康的个性品质。自信心就是相信自己的愿望一定能够实现的心理，是一种积极、肯定又切合实际的自我良好评价。我们在"本色德育"的实施过程中，将培养孩子的自信作为班级的重要目标。班级开展了"美雅志愿岗"的活动，我鼓励学生积极参加班级志愿岗活动。我认为这项活动不仅是让孩子愿意奉献自己的时间与精力帮助他人或为班级做好事，不求回报，而且是让学生在活动中体验自我价值，感受"我为人人，人人为我"的快乐，增强自信心，形成积极向上，不断进取的良好风貌。

　　根据班级需要及学生需求，美雅志愿岗设立了很多岗位，如：纪律监督员、学习辅导员、清洁监督员、读书管理员、电脑管理员等等。经过学生竞选，几乎每个孩子都有了适合自己的岗位。我把每个孩子的岗位列了一个表格，打印张贴在教室醒目的地方。不论成绩优秀的还是成绩较差的学生，都能感受到老师给予他们的认可与关注，感到自己都是一样平等的学生。

　　每周五，我定期举行班会，总结评比班级一周的学习、纪律及清洁等方面的情况，更结合学生担任的不同岗位评选"岗位责任星""文明礼仪星""乐于助人星""学习星"，对取得进步的学生（专门给予后进生的奖励）单独设立了"风采星"。每月最后一周综合评比最优秀的学生，优胜者为当月的"班级美雅明星"，由老师颁发美雅奖章。我将美雅明星的照片贴在班级，公布在班级 QQ 群，与家长分享喜悦。

"美雅志愿岗"开展以来改变了很多孩子，比如冯瑞琦是一个可爱腼腆的小女生，学习很好，很聪慧，但是有些内向，不太活跃。为了全面发展该生，培养该生的自信心，我与她亲切沟通，称赞她的优点，委婉指出她的不足，提议她参加"志愿岗竞选活动"中学习管理员的竞选。她在竞选时，如愿以偿地当上了学习管理员。接下来的日子她需要任劳任怨地收发作业，要与同学接触交流，胆量一定要增强才行。不久，我经常能看到她抱着重重的作业本来回行走在办公室和教室之间，负责及时收发作业，一副忙碌的模样，而且还关心帮助学习较差学生，耐心辅导他们学习。每周班会评比，她也能大胆地上台评价各组组长的工作，胆量增强了很多。不仅如此，她上课发言积极，声音洪亮，还积极参加学校国旗下演讲，参加全校优秀学生竞选，大胆自信。那个害羞胆怯的小女生不见了，取而代之的是一个活泼开朗的优秀女孩。

案例反思

"美雅志愿岗"的评选活动已经坚持了两个学期，孩子们从一开始表现得胆怯、拘谨，到现在表现得自信、大方，这些变化都见证了孩子们的成长。

　　莎士比亚曾经说过这样一句话："赞美是照在人心灵上的阳光，没有阳光，我们就不能生活。""美雅志愿岗"设立的初衷就是以鼓励代替批评，以赞美来启迪学生潜在的能力，让孩子们自觉地克服缺点，弥补不足，使学生怀着一种积极的心态，创造出一种和谐的气氛。而教师再加以恰当的引导与激励，就能激发孩子们自信的帆，让他们在人生的道路上能搏击风浪。

雅言雅行从我做起

单洞新村小学　李敏

案例背景

　　孔子有云："不知命，无以为君子也。不知礼，无以立也。"礼仪能够改善人们的道德观念，净化社会风气，提高社会文化素质。教育家陈鹤琴也曾说过："习惯养得好，终生受其益，习惯养不好，终生受其累。"中小学时期是青少年生理与心理急剧变化的重要时期，也是增长知识，接受良好道德品质和行为习惯养成教育的最佳时期。学生良好行为习惯的养成是形成良好班风的基础，是建设良好班级的保障。五年前，当我新接手一年级时，首先就确定了"学会做人，从雅言雅行开始"的班级培养目标，并给班级取名为"博雅班"，希望班上的孩子们个个都具有优雅的举止、文雅的气质、儒雅的风度和高雅的情趣。

案例描述

为了更好地实施"雅行教育",首先我和全班同学共同商量制定了"雅言雅行,从我做起"的班训,编出了朗朗上口的班规,并要求孩子们背熟,以便更好地指导自己的言行。孩子们很喜欢儿歌形式的班规,都能烂熟于心。

对于"雅言"的训练我分为"言正""言明""言美"三个层次,采用循序渐进的方法,每个月让学生明确其中一项的具体要求。

在进行"言正"训练时,让学生每天诵读《日有所诵》中的内容,而且要正确、流利、有感情。经过一个月的强化训练,孩子们都能在各种场合坚持讲普通话,而且字正腔圆。

在"言正"的基础上,再指导学生做到"言明"。具体做法是利用班会课开展各种活动,如班干部竞选、成语故事会、介绍奇妙的大自然等。每个同学在开班会前认真准备要讲的内容,尽量脱稿讲,讲得好的奖励一颗"单小之星"。经过充分的准备,大部分学生都能做到上台后吐字清晰、声音洪亮,而且能把意思表达得较完整。特别是希希同学的进步最大,记得第一次竞选班干部时,她不敢上台进行竞选演讲,因为紧张还哭了。后来,我鼓励她回家多多练习,第二天再给她一次机会。她的妈妈也很重视这件事,晚上陪着她练习,还把她在家里练习演讲的情景拍摄下来,发到我们班的 QQ 群里。第二天,当希希再次走上台时,同学们都以热烈的掌声表示鼓励，我还把自己的话筒借给她用。她终于克服了恐惧心理，大胆地讲完了自己的竞选稿。之后，我又带头投了她一票，最后她被全票通过当选为我班的美术课代表。从那以后，她越来越自信，多次在班会课上讲故事给同学们听，我看在眼里，喜在心头。

"言美"是"雅言"中最难做到的。刚开始时，我让学生收集了很多礼貌用语，有他们平时常用的，也有一些他们所不知道的。然后将这些礼貌用语编成《文明礼貌歌》，学生在读读背背中，不知不觉就记住了它们的用法。我的任务就是每时每刻用心倾听孩子们的对话，一发现有学生恰当地运用了礼貌用语，马上在全班提出表扬，并让大家向他学习。久而久之，孩子们渐渐做到了文明用语不离口：每天中午吃午饭时，他们会对打饭的老师说一声"谢谢"；进老师办公室时，他们会说一声"打扰了"；上下楼梯遇到长辈时，他们会说一声"您先请"……

为了让学生的举止更优雅，气质更文雅，风度更儒雅，在教室的墙壁上，我们开辟了"雅言轩""雅行坊""雅趣苑"和"雅风阁"四块专栏。专栏的内容具有很强的针对性，"雅言轩"中展示的是学生们在教师节或母亲节写给老师、母亲表达感恩之心的书信等；"雅行坊"中展示的是与雅行有关的名言，如"勿以善小而不为，勿以恶小而为之""吾日三省吾身""良言一句三冬暖，恶语伤人六月寒""主雅客来勤"等；"雅趣苑"展示的是学生们用自己的巧手制作的书签及手抄报等；"雅风阁"展示的是班干部的照片及职责。利用这无声的语言教育学生要养成雅言、雅行的好习惯。

每周的班会课都围绕一个有关"雅行"的主题来进行。如开展"雅行在我心中"知识讲座、"班级荣辱，我的责任""我为班级添光彩"演讲等。学生的思想境界提高了，态度端正了，于是随意乱扔乱吐的现象不见了，随意毁坏公物的现象不见了，取而代之的是主动打扫，保护环境卫生，爱护公共设施。

除了在班级里开展丰富多彩的活动外，我还会组织学生在校园内外开展"雅言雅行"的宣传和实践活动。

孩子们利用"国旗下讲话"的机会，号召全校同学文明如厕；在校园楼梯口贴上"小脚丫"的标识，以此来提醒大家上下楼梯靠右行；到社区当小小志愿者，擦拭社区里的健身器材；到学校附近的鲜花一条街宣传保护环境；到人潮涌动的中山大道，劝阻乱闯红灯的行人；到人来人往的公交车站，宣传文明乘车；在春游活动中，用自己带去的塑料袋，装走游客留下的垃圾……

案例反思

先哲朱熹说："论先后，知为先，论轻重，行为重。"可见知与行是不可分的。对学生进行行为习惯养成的教育也应从学生的认知情况出发，遵循先入为主的规律。学生良好行为习惯的养成不是一朝一夕就可形成的，必须反复抓，抓反复。尤其是对那些行为习惯比较差的学生，不但要通过爱的甘泉进行入脑入心的浇灌，通过榜样、示范的力量去争取，通过同龄效应去帮拉，还应运用一定的激励方法去鼓起他们奋进的风帆。

在这五年里，我特别注意观察学生的一言一行，及时表扬一些行为习惯较好的同学。如上课专心听讲、发言积极的，作业书写工整、质量好的，早读认真、声音响亮的，午休安静不吵不闹的，关心班级主动捡起地上的垃圾的，看见桌椅歪了主动摆好的，打扫地板又快又干净的，我号召大家向他们学习。学生毕竟还是孩子，教师的一丁点儿表扬肯定，对他们来讲都是一种荣誉，一份骄傲的资本。通过抓典型、树榜样，在班级中开展评比激励机制，形成互争互赛的竞争氛围，学生们渐渐看到了自己的闪光之处，明白了自己的不足和今后努力的方向。

有人说：孩子的心灵是一块神奇的土地，播种思想的种子，就会有行动上的收获；播种行动的种子，就会有习惯的收获；播种习惯的种子，就会有品德的收获；播种品德的种子，就会有命运的收获。

五年来，通过一些有意义的班级特色活动，不仅使孩子们的能力得到发展，个性得到张扬，而且在他们幼小的心灵里播种下健康的种子，相信总有一天，在他们的精神世界里会绽放出绚丽的花朵。我满怀信心地期待着我班学生，通过小学阶段的培养，在离开母校时，个个都具有优雅的举止、文雅的气质、儒雅的风度和高雅的情趣！

用纪律治班　用欣赏改变

万松园路小学　邓小玲

案例背景

"报告老师，今天李××又没做清洁……""今天××又骂老师了……""老师，温×和王××打架了……"我班男生比女生多12个，调皮捣蛋的孩子较多，每天班级不断出状况，我成了"救火队员"，焦头烂额。这样的情况持续了一年，让我陷入了对学生守纪观培养的深深思考中。

中国近现代教育家陈鹤琴说过："教导儿童服从真理，服从集体，养成儿童自觉的纪律性，这是儿童道德教育最重要的部分。"没有纪律，学校会乱成一锅粥。纪律是学校教学行为落实的保证。只有教育学生遵守纪律，才能为学生创造一个良好的成才环境，培养学生良好的行为习惯，促进学生德智体全面发展。

案例描述

我认为依法治班，是培养学生守纪的基本方法。根据孩子们的特点和我班孩子的情况，我采取以下措施来达到目标：

1. 全员参与班级管理。

一年级时我在班上是全天陪伴学生，想着学生太小，等把他们扶上正轨，再高一个年级就放手。但是这一年来，我的不放手，除了让我感到很累很辛苦外，班级管理成效不大。于是，我的想法是在这个学期让每一个同学都成为班级的主人，让每一个同学都找到自己班级管理的位置，让 40 个孩子都能各司其职。开学初，我就把我的想法和孩子们商量，没想到，孩子们都很高兴，积极性很高，纷纷申请承担班级的一项事务。

之后我制定了岗位责任安排表，将班级琐碎的事务全都承包了出去。

2. 岗位培训，清楚职责。

一个优秀的班集体，它一定会在班级制度中明确什么事情可以做，什么事情应该做，什么事情该如何做。我通过班规管理制度，向孩子们提倡一种积极、健康、向上的生活态度。我还利用班会的专题课时间，动员孩子们要有责任心，并让孩子们学习了各个岗位的职责，知道自己应该怎样做。

3. 每月评选，制定奖励机制。

競争能够激发人的潜能，能够不断激发学生挑战自我的信心和热情，它对学生的促动作用，往往胜过老师的很多空洞说教。于是，我班制定了每月评选"岗位小能手"的制度，让孩子们尝到前进的甜头，激励他们在自己的岗位上认真负责、努力向上。

苏霍姆林斯基说："要无限制地相信每一个孩子的潜力。"这学期，大部分孩子工作认真出色，尽心尽职。当然，也有少数孩子不配合，不认真做事情，但经过思想教育，也能改进。

案例反思

正面教育是可行性非常高的一种教育方法，但是也需要遵循一定的原则。

不是每一个学生都适合正面教育，有些学生适合用激将法，尤其是一些各方面都特别优秀的孩子，难得的一次两次的刺激，反而可以激励他们成长。但是对于大部分的孩子而言，还是应该更着重于正面教育。老师不能吝啬对他们的表扬，应该让每个学生都经常有受到表扬的机会，即使对那些能力稍欠或者行为方面存在某些问题的学生，也要用欣赏的眼光去挖掘他们身上每一点值得赞赏的地方，使他们本来很细小的优点变得越来越突出。

榜样的力量是无穷的。班主任如果在班中树立榜样，会达到意想不到的效果。如最守纪的为"守纪之星"，岗位上最负责的为"岗位小能手"等，公告栏上，隔一段时间更新一次，让每个同学都有当"星"的机会。能上"星"自然更好，没上"星"能认真表现想上"星"，也不错。

一年来，经过对学生"守纪"的引导，我班学生逐渐做到"人人有事做，人人能负责"。调皮的学生也以被评为"守纪之星"为荣，班上和谐的声音越来越多。"老师，全班同学能认真晨读！""老师，今天班上的清洁做得很干净！"我喜欢听这样的汇报，享受这样积极向上的氛围。学生守纪观的逐步形成，让我乐当甩手老师。

看来，每一个孩子，都值得我们用欣赏的眼光去看待。寸有所长，尺有所短，只要我们换个眼光看人，我们就会发现：原来我们的学生也是非常可爱的！

今后，我将继续努力在孩子们脆弱、纤细的心灵上种花，做一名诗意、阳光的心灵种花者！

课外活动，让孩子们拥有一片新天地

长港路小学　张丹

案例背景

　　丰富多彩的课外活动不仅能够提高孩子对学校生活的总体满意度，而且能够提高孩子的学习兴趣。在课外活动中，孩子们不仅能够学会分工合作，与人沟通交流，而且能够增长孩子们各方面的能力，促进孩子们更加健康快乐地成长。

案例描述

　　自从进入五年级以来，我发现孩子们的生理和心理方面都发生了很大的变化：虽然完成作业和其他学习任务的效率越来越高，但是课堂上举手发言的人越来越少，课堂气氛越来越沉闷。孩子们之间的关系也不如以往那么融洽，时时爆发一些小矛盾。我想这与孩子们进入高年级学习压力越来越大有很大的关系。虽然这种压力是几个方面造成的，社会、学校、家庭并不是老师个人就能够轻易改变的，但是我想当我们过于功利地追求成绩的时候，能否多关注一下孩子的心理健康。正好学校积极组织了各种丰富多彩的社团活动，并鼓励各班多开展具有班级特色的班集体活动，我灵机一动，何不利用这个机会来引导孩子们通过课间的各种活动调剂他们的生活，丰富他们的感知，促进他们健康快乐地成长呢！

3 月份刚刚结束快乐的寒假生活，孩子们还停留在新年的节日气氛中，我班开展了"张灯结彩庆元宵"活动，孩子们自行设计制作出形态各异的灯笼，来传达自己对新一年的憧憬与热爱。

4 月 17 日，孩子们参加了春季田径运动会，运动会既锻炼了孩子们的身体，又培养了孩子们公平竞争、互相合作的意识，我班努力拼搏，拿下了田径接力团体赛的第一名。

从 3 月份开始，我校成立了学校课本剧社团，五年级作为课本剧的主要阵地，进行了多次课本剧表演活动。

5 月 15 号，在学校的展示活动中，我班表演的课本剧《巨人的花园》受到了学校领导的一致好评！同时，在改编的英文课本剧展示中，孩子们进一步锻炼了自己！

5 月 18 日，学校组织孩子们开展社会实践活动，领悟未来的科技变化。孩子们来到了万达影院城，在那里见识了未来科技的神奇与奥妙，体会了未来电影事业的发展，收获颇多！

　　本学期，学校继续开展"诵经典，习好字"活动，推广传统文化，提高语文素养，全面提高学生使用普通话和规范汉字的能力，加深孩子们对民族传统文化的理解，培养孩子们良好的行为习惯。读书我们采取了集中阅读、课外阅读两种方式：集中阅读为每天早晨8：00—8：20进行晨读。为保证晨读，我每天7：50准时进教室，带领孩子们先做清洁和交作业。8：00准时开始晨读，一学期从没间断；课外阅读为教师帮助学生制订个人读书计划，规定必读和选读篇目，定期检查和评价。孩子们在书中学到了知识，找到了快乐。写字，我要求学生每天认真书写一张纸，采取集中练习和自主练习相结合的方式。集中写字为每天中午1：00—1：20，师生共同练习。孩子们在我的带领下，字一天比一天写得工整，一天比一天写得漂亮。我还动员家长和孩子们一起练字，每天家长写一面毛笔字，孩子照着家长练写一面毛笔字。孩子们在老师的示范与家长的带领中，把写字变成了乐趣。在区教育局单项测试比赛中，我校五年级语文取得了区第四名的好成绩！

　　6月1日，我们举行了"庆祝六一，欢度儿童节"的活动，孩子们积极参与，度过了一个难忘而快乐的儿童节！

　　6月17日，五年级同学参加阳光义卖活动，在一个半小时内，孩子们将300份报纸全部卖完，将这些钱全部捐献给贫困学生。在活动中，孩子们不仅锻炼了自己的能力，而且学会了与人交往的方法，懂得了社会责任！

开展趣味活动是增强班级凝聚力的有效手段。开展趣味活动可以培养学生的集体观念。它通过创设亲切、平等、宽松的课堂或户外活动氛围，及时、有效地纠正学生的错误想法或行为偏差，逐步构建刻苦学习、努力锻炼、互相关心、求实向上的班集体，实现素质教育。同时，素质教育又是以创新精神为核心的，在趣味活动中，学生少了几分约束，多了几分创新意识，思维在活动中得到了极大的发展。教育不是管束人，而是发展人；不是死守教室，而是走进生活；不是灌输知识，而是学会创造。因此，开展趣味活动，能真正让学生在活动中成长，在活动中收获。

案例反思

这些丰富多彩的活动不仅锻炼了孩子各方面的能力，更重要的是提供了发现才能的平台，增加了孩子们的自信心。我班的樊佳同学学习基础较差，一直没有什么学习的信心，可是在阳光义卖活动中，她不光率先卖完了自己手中的20份报纸，还帮助其他同学去卖报纸，活动中就属她的笑容最灿烂。我班的熊诗敏同学在某次表演活动中扮演小草时并不出众，可她从此变得大方活泼，后来在演出"皇帝的新装"的课本剧时，她扮演的骗子甲赢得了同学们的一致好评。像这样的例子还有很多。

　　是的，成功的路并不是只有一条，学习成绩不能说明一切。丰富多彩的课间活动为孩子们展示了一个新天地，让孩子们在学校这块沃土上，付出汗水，也收获了成功的喜悦和生活的信心。

与孩子一起成长

大兴第一实验小学（金雅校区） 李展

案例背景

苏霍姆林斯基说过："情感是教学丰富的土壤，教师的教学应根植于这片土壤。"学会尊重学生，发现学生成长中的闪光点，用真心真情去感染学生，会让我们的孩子变得更阳光，更会观察生活中的美，也更加乐于奉献自己的美。

在学校"阳光德育"的推进下，在"发现、赞美、激励"德育手段的倡导下，我深知用阳光之心育阳光之人的重要性。而一年级作为小学生涯的起始年级，老师们在孩子人生观还未成形的时候，用发现的眼光、真挚的赞美、激励的方式去引导他们，这对于他们以后阳光心态的养成以及阳光人格的塑造有着至关重要的作用。

回想起初次接手这个班，初次担当班主任，面对一群天真烂漫、懵懂幼稚的孩子，刚刚走上工作岗位的我欣喜之余更多的则是迷茫和担忧。该从哪里着手，应该怎么开展工作？一个又一个的问题接踵而来。好在我身边有着一群可亲可敬的师长，总在我困惑无助的时候给我支持和力量，我很感激。通过这一年班主任工作，我最深刻的体会是——用心观察孩子，用情接近孩子，用爱感化孩子，会收获很多意想不到的感动。

案例描述

上学期 10 月 13 日，我们班第一批入队的孩子们兴奋地戴上了红领巾。建队节活动结束后，他们一蹦一跳地回到了教室，高兴之情溢于言表。

"李老师，李老师，是不是以后我就可以天天戴着红领巾了呀？"我们班的小机灵鬼刘陶紫羽奶声奶气地问我。我捏捏她粉嫩的脸蛋笑着说道："是的，从今天起你就是光荣的少先队员了。你可要给大家树立好的榜样！""好的，没问题。"这个小机灵鬼马上变作小大人状，给我做了个自信的手势，可爱极了。正在这时，邱箈晋凑了过来，拉了拉我的衣角，很神秘的样子。我俯身下去，他在我的耳边悄悄地说："老师，我们班好多同学都很羡慕我们入队了呢。我很想跟他们一起分享我们的快乐，我应该怎么做呢？"我笑了笑，摸着他的头回答他："你可真是个好孩子！不过这个问题，老师可帮不了你哦。既然你想让大家感受到你的快乐，那就要用你自己的智慧和诚意去打动他们。你跟刘陶紫羽商量下吧，老师相信你们会想出好办法的。"说完，我就转身离开了他们。走了几步之后，我很好奇地回头看了看，两个小鬼还真在那窃窃私语起来。带着一份期待心情的我回到了办公室。

第二天吃完午饭，我照例要带班上的孩子们去午休。刘陶紫羽跟邱笳晋两人很踊跃地说，要留下来帮忙发水果跟午点，我当时也没多想就答应了。惊喜的事情发生在孩子们睡完午觉回到教室的时候——他们的桌上除了有水果跟午点外，还多了很多五颜六色的糖果。孩子们欢呼雀跃着，纷纷跑过来问我："老师，这些糖果是哪里来的？""老师也不知道呢，等我去'调查'下再告诉你们答案好吗？"我给他们卖了个关子，心里却由衷地为两个小鬼的有心感到欣慰。我马上找到我们班的副班主任张老师，商量可以利用下午的专题课召开一次主题为"我的快乐你分享"的班会。

班会上，张老师为大家揭晓了糖果的秘密，还让两个小鬼在全班同学面前讲述了一下他们为什么要这样做。他们俩刚开始还挺不好意思，后来在张老师的鼓励下，刘陶紫羽说："因为我觉得入队是一件很开心的事情，但是我们班还有很多同学没有入队，所以我想让他们也能感受到我的开心。"邱笳晋说："妈妈说了，开心的事情要跟大家一起分享。我想来想去，觉得我们班的同学好像都很喜欢吃糖果，就想到买些糖果跟他们一起分享我入队的喜悦。"其他入队了的同学听了他们两个人的发言也纷纷举手，有的说："谢谢他们的糖果，我也要向他们学习，将我的快乐分享给大家。"还有的同学很懊恼自己怎么没想到这样的方法。没有入队的同学也纷纷表示："虽然我没有入队，但是吃了他们的糖果，我也觉得很开心。我一定要争取早日入队，到时候我也要跟他们一起分享我的快乐。"多么懂事的一群孩子呀！整节班会就在孩子们热烈的讨论中度过。接下来的几天里，我们班每天都会有神秘的小礼物出现。从孩子们幸福、灿烂的笑容里，我和张老师收获了更多的感动和欣慰。对于这些刚入学不久的小毛头们来说，能有这样的分享精神，是多么难能可贵呀！为了表扬他们，在接下来的星期一国旗下的讲话上，我们用小品的形式给全校师生展现了这一幕。

　　这件事让我意识到糖果虽小，却附着着孩子们天真美好的感情。而老师们如果用发现美的眼光去培养孩子们用心对待身边的人和事，就会有很多意想不到的收获，教育的美妙也会在不同的时刻以不同的方式为你呈现惊喜。感谢这些神秘的糖果！

案例反思

　　席勒曾经说过："心灵开朗的人，面孔也是开朗的。"教师阳光的心态会感染和带动学生。用阳光的方式去对待内心有阴霾的孩子，用爱去关怀他们，会让他们在成长的道路上有更多灿烂的笑容。

　　在这一年的工作中，孩子和家长们给予我的感动真的很多很多，言语已经无法表达我内心的幸福。接下来的路，我愿意继续与他们携手同行，见证孩子们的一次次成长！无论是对我还是对我的学生而言，要走的路还很长。现在的他们是接受人生观、价值观的起始阶段，我很了解自己身上的责任，也愿意为之继续付出努力。我想，只要内心阳光，充满爱，用心关怀和爱护他们，严格要求和教育他们，坚持下去，我的孩子们会越来越阳光，越来越闪光！

在爱中修炼，且行且珍惜

大兴第一实验小学（金雅校区） 周学之

案例背景

夏丏尊说过："教育不能没有情感，没有爱就如同池塘没有水。没有水就没有池塘，没有爱就没有教育。"作为一名人民教师，我将这句话奉为行为准则，"把我的爱奉献给需要它的人吧！"这是我经常对自己说的一句话。那么有哪些人需要我们的爱呢？有与我们朝夕相处的孩子，有和我们共同思考着的家长，也有并肩前行的同行。

如果把教育分为德育、智育、美育、体育，那么我永远将德育放在首位。因为，阳光的德育是立人之本，爱的德育是塑人之根。没有正确的德育观的引导，孩子们就不能在成长的土壤中形成美好的道德与品质，拥有健全的人格和健康的心灵。这就好比一根空心柱，外面再光鲜美丽，也只是徒有其表，一旦有外界的变故，柱子就会轰然倒塌。有人问我："你所说的爱的德育渗透在什么地方呢？课堂？课下？"我总是回答："我认为德育无处不在，它是来自'春风化雨，润物无声'的温情，来自'为生消得人憔悴'的热情，来自'全情投入，追求卓越'的激情，来自即便是'落红'，也要'化作春泥更护花'的深情。"爱的德育不分场合，不分时间，不分类别，爱在细微处渗透。

案例描述

案例一：每个孩子都是折翼的天使，用爱呵护他们

我还记得接的第一个班，接手他们的时候是四年级下学期，当时很多老师对我说："这个班是个'钉子户'，好多老师都不愿意接这个班，习惯差，成绩不好。"听完，我也彷徨过，我向有经验的老教师请教，一次次地打电话给以前的班主任询问每个孩子的具体情况，甚至亲手制作一张张写有注意事项的开学须知卡，直到凌晨2点。但第二天开学，情况令我意想不到：孩子们高傲的眼神，家长们不屑一顾的表情，甚至有的家长将我制作的贺卡扔在一边根本不看。那一刻，我是多么无助与伤心。平复心情之后，我在想：怎么样才能改变这一切呢？一定是我不能给他们足够的信任，所以才会让孩子和家长有这样的情绪。会后，我找到几位家长了解情况，这才得知，原来这个班从一年级到现在，已经换了4位老师，所以孩子和家长有极大的不满情绪，也

有极大的不安情绪，他们想肯定还要换老师的，再加上看我较年轻，难免会有不信任的情绪。了解到这个情况之后，我回家冷静地思考：原因找到了，我该怎样改变呢？如果我是他们，我最需要的是什么呢？我一遍又一遍地问自己这些问题。

通过一夜的思考，我想，他们需要的是一份可靠、稳定的爱，如果是我，我希望我的老师能给予我的不仅仅是知识，更是心灵的体谅和关怀。所以，我的彷徨打消了，我知道自己肩上的重担——这个班的学生和家长，需要比其他班更多的关怀。于是，我做出了一个重大的决定——在学校附近租房子，因为当时家离学校比较远，每天在路上要花费近3个小时的时间，如果我把这个时间用在孩子们身上，一定能给他们更多需要的东西。听到这个决定，家里人极力反对："为了工作，影响到自己的生活，值得吗？"这样的话一遍遍在我的耳畔回响。

我永远记得那年9月2日的晚上，我毅然搬进了租下的房子。而后的日子，我几乎天天与孩子们生活在一起，每天牺牲课间休息时间，和他们打成一片，沟通交流，了解他们的生活，走进他们的世界。尽管每天办公桌上堆满了作业本，尽管备课到深夜我也从不懈怠……每天离开学校，我都会问自己是否将全部的爱给予了他们。做这么多，付出这么多，很多人说我"傻"，但是，我心甘情愿！因为，他们值得我这么做！我每天告诉自己：我要倾注自己全部的心血，浇灌这35朵含苞待放的花儿。

永远不会忘记我生日的那天，那是我过的最感动的一个生日。我真的没想到他们会自发地、集体策划这么完美的 Party。我真的感动得流泪了。满桌都是他们亲手制作的礼物，满耳听到的都是孩子们衷心的祝福，以前的担忧早已经灰飞烟灭了。我听到的更多的是，"你们班学生真懂事，真聪明，真懂得感恩……"其实，他们原本就是这么懂事，这么聪明，这么懂得感恩，这么优秀的！只不过，他们的光芒被埋藏得很深，不易被挖掘出来而已。我只不过是花费了更多的爱与热忱。

一个学期之后，班上转来了一位新生，这是位特殊的学生。家长带他来和我见面的第一次，他就用一种带有敌意的眼神看着我，目光是那么缺乏安全感。看他成绩报告单的时候，我发现，这个孩子在一二年级时成绩还名列前茅，可三年级开始就直线下滑。家长跟我介绍，孩子很喜欢一二年级的班主任，可到了三年级，换了一位班主任，孩子很难接受，所以出现了抵触的情绪。而这位班主任也比较严厉，不怎么和孩子交流，所以孩子一直不接受她，到了后来，孩子竟然出现了旷课、逃学、顶撞老师的情况。老师对他的责备也增加了，班上同学也开始排挤他，孩子在班上很孤立，完全不能融入大家庭了，对老师更是充满了敌意。所以家长考虑给孩子换一个环境。看着孩子孤傲的眼神，我心里很是担心，现在班上的情况刚刚开始好转，他能够适应新的环境吗？我能被他所信任和接受吗？

针对他的特殊情况，第一天我没有让他做自我介绍，而是采取让他感受温暖的方式让他尽快融入我们班这个大家庭。我问全班："这是一位多才多艺的小男生，他的性格很幽默，谁想和他成为同桌？"话音刚落，班上大部分孩子高高举起了小手。这时我在偷偷观察他的表情，我发现他惊呆了。我想，让他首先感觉到"被认可和被接受"是最需要的。他选择了最后一排靠角落的桌子坐下，然后眼睛一直看着我，这是他接触我以来第一次面对我的眼神，这种眼神里已经没有了昨日的不安和孤傲。我对他笑了笑，点了个头，他的表情不再那么抗拒了。我想用爱来呵护每一个孩子，让他们感觉安全和温暖之后，再让他们获得不同的成长。可是后来的一段日子，这个孩子出现了上课睡觉、课间和同学发生矛盾的情况，班上的同学都来告状，说他爱欺负人。我想，孩子心里一定是自我保护意识太强了，他习惯了自己的世界，抗拒他人，哪怕是善意的友好。有一天体育课，我找他谈心，他又出现了逃避我眼神的情况，他对我说："我知道，你要找我家长，以前就是这样，我习惯了。"也许，以前这样的事情太多了，所以孩子内心是孤独的，需要理解和关爱。"周老师和你拉钩钩，这是我们的小秘密，我不告诉你家长，可是，你要答应我知错就改。"他突然抬起头，用惊讶的眼神看着我，"其实，我不是故意要推他的，是他笑我没好朋友。"他低下了头。如果我不找他谈话，如果我不站在他的立场相信他，如果我不首先呵护他的心灵，也许我也会找他家长，一味地责备他、批评他——就是责备太多，让他失去了对老师的信任，才走到今天这个地步。接下来的谈话，我抛开了这个话题，和他进行了一次"孩子"与"孩子"之间的对话。我了解到，他是个知识面宽广的孩子，而且有表演和朗诵的特长。我将这些都记在心里，在后来的一周里，我让他准备一个朗诵的小节目在班会上表演，他出奇的认真。朗诵过后，同学们对他报以雷鸣般的掌声，我也对他大加赞赏。我看见他第一次笑了。从那以后，很多同学主动找他请教朗诵的技巧，还纷纷和他交朋友。他感觉到自己被别人认可和需要，自信心自然提高了。哲学家詹姆士精辟地指出："人类本质中最殷切的要求是渴望被肯定。"热情、向上的小学生更是如此。在后来的一次"区头脑奥林匹克"比赛中，我推荐他参加，他凭借自身的特长为学校争得了二等奖。慢慢地，他不仅在大家庭里生活得很快乐，而且学习成绩也名列前茅。

现在，虽然我已经不再教这个班，不再教他，但是我们仍然是知心朋友，节日里我总会收到他们的祝福和问候，特别是这个孩子，每个周末都会给我打来电话，把心里话讲给我听。他总对我说："周老师比我妈妈还了解我。"其实，孩子都是可爱的天使，需要我们用爱去呵护他们，去站在他们的角度理解他们。即便路途中会遇到坎坷，但是只要你付出了，就一定会有回报。

案例二：每一位家长都是育人道路上的思考者，用心和他们交流

即使教学工作再繁忙，我都会抽出时间走访每一个家庭，因为每个家庭都和我们一样，把教育孩子放在首位，每个家长都是育人道路上的思考者，他们并不比我们摸索得少。

11月19日的午餐过后，我摸索着找到了刘喆家的小区，我们本来约好下午1点整到访的，可是来到小区，已经是1点20分了，本来深表歉意的我们准备解释下迟到的原因，却被他们父子不远处的身影所吸引。走近一看，原来父子俩正在进行一场别开生面的接力套圈游戏。于是，我们在一旁没有打扰他们，只是静静地观看。这场活动只有两个人——刘喆和他的爸爸。他们丝毫没有因为人数的问题而失去积极性，反而玩得兴致勃勃，活动中充满欢声笑语。不知不觉，我被他们之间的这种力量所深深吸引。过了良久，刘喆的爸爸看到了我，连忙走过来。看到父子俩脸上灿烂阳光的笑容，我想，我大概知道这孩子为什么那么乐观向上了。他爸爸一边带路一边对我们说："我从小就告诉他，玩的时候一定要开开心心，学习的时候一定要认认真真。"说完这句话，刘喆忙补充道："因为今天早上我完成了周末的所有作业，还自己练习珠心算，所以爸爸答应我，下午陪我一块玩接力套圈游戏，这是我们之间的承诺。"好一个"承诺"，我饶有兴致地追问："你和爸爸之间经常有这样的承诺吗？""对呀，几乎每天都有。"刘喆响亮地回答。"其实，这是我鼓励孩子好好学习的一种方法罢了。"他爸爸解释道。原来，刘喆从幼儿园开始就很好动，难得好好坐下来几分钟，他爸爸担心这种性格会影响到以后的学习，一直在找解决的办法。现在这个办法就是刘喆的爸爸通过实践总结出来的——那就是用一个容易实现的小承诺来激发孩子做事的持久力和耐心。比如在规定时间内认真完成作业，就承诺他去骑半小时的自行车；自觉读课外书或者静下心来练字一小时，就许诺陪他下半小时象棋，等等。他爸爸还补充道："我的承诺不是物质的奖励，而是一些有易于他身心健康的活动，比如体育运动、益智类棋牌活动等。"好一个"小承诺培养大习惯"的方法。我不得不被一位平凡的父亲的智慧和用心折服，为了培养孩子，他的确倾注了所有的时间和精力。孩子的爸爸还告诉我们，刘喆妈妈因工作关系，经常不在家，所以孩子一生下来他就既当爹又当妈。孩子毕竟是孩子，也有撒娇的时候，渴望更多的关注与爱。这时他会带他出去串串门，让孩子在亲戚或者朋友的关怀下感受到温暖。听了刘爸爸的话，我才明白为什么孩子一开始上学的时候，在课间老喜欢跟在我身边，有时候用手拉着我的衣袖，可能就是需要一位女性温柔的关注吧！而我偶尔也会因为繁忙的工作而忽视这样迫切的需要。我想，通过这次家访，我知道刘喆最需要的是什么了。

　　谈完"承诺"这个话题之后，我进一步了解了孩子在家的学习和表现情况，并针对刘喆的突出问题和他爸爸进行了沟通。临走的时候，我伸出小指头对刘喆说："今天周老师也和你做一次承诺怎么样？"他眼睛瞪得大大的："什么？""只要你养成做完作业检查一次的好习惯，你下次就当周老师的小老师，把你兴趣班学的舞蹈教给我，怎么样？""好啊好啊，拉钩。"他开心极了。一旁的刘爸爸也笑得合不拢嘴。

走出刘喆的家，我觉得很开心，很开心看到这么温馨的父子俩，很开心我们这次家访收获满满——有经验的家长何尝不是我们的"老师"呢！回家的路上，我就在思考，为什么不将"小承诺培养大习惯"的好方法用在班级管理中呢！我想，此时的家访已经不再是教师走到学生家里指导好的学习方法，或者沟通孩子的表现情况了，更多的是一种家长、教师之间的经验交流、分享，抑或教师和孩子之间的心灵交流。在我们平时忙碌的教学管理工作中，可能每天都在马不停蹄地向前冲，从没有时间静下心来思考、反思，因而，一路上会丢掉很多东西。也许，"家访"就是让我们静下心来观摩和学习的机会，让我们在忙碌的时候，在焦虑的时候，抑或徘徊的时候，有不断反思的机会。

案例三：每一位教育同伴都是前进路上的智者，好问者长智

清代著名画家、书法家郑燮有语："读书好问，一问不得，不妨再三问；问一人不得，不妨问数十人，要使疑窦释然，精理进露。"

还记得我刚接手现在这个一年级班的时候，有个孩子无法适应新环境，第一天上学就在课堂上突然大哭大闹起来。没有接触过一年级学生的我，完全被这个情景弄得不知所措，只好停下来询问他，安抚他，但各种办法都用过了，第二天，情况照旧。于

是我找到年级组里一位有经验的老师请教。那位老师听后，二话没说，抱起那个孩子，对他说："宝宝想妈妈了吧？老师也是你的妈妈，妈妈能解决的，老师也都能解决。"然后摸摸他的头，把他搂得更紧了。奇迹出现了，这个孩子不哭了，慢慢平静下来了，也能开始听进去我们说的话了。此后，这个孩子再也没有出现在课堂上哭闹的情况。事后，我曾向该老师请教，她告诉我："刚踏入小学的孩子从心理上是需要一个依赖的对象的，在家里，妈妈就是他们的保护罩，妈妈能帮他们解决任何事情。可是到学校来了，没有妈妈这个支柱，你就是孩子的全部支柱，你要从他的心理出发，知道他需要什么，让他完全信赖你。慢慢丢掉'妈妈'这个保护罩。"听完这个老师的话，在以后的教学工作中我更注重关注每个孩子的个体性，做到因人而异，因材施教。

案例反思

"爱的德育"是一种"仰望星空"的过程，且行且珍惜。在班主任工作中，我们常常遇到种种疑惑，有的能从书中寻找到答案，但有时汗牛充栋的书也无法解决你的疑惑，这时就要学会请教他人。古人云："三人行，必有我师焉。"诚恳地请教身边的每一个人，你也许能够得到意外的惊喜，问题会迎刃而解。

感谢让我踏上教育道路，感谢在这条路上让我成长的人——

与我朝夕相处的孩子，和我共同思考的家长，与我并肩前行的同行。爱的德育是一种"仰望星空"的过程，我要在这条道路上且行且珍惜，即使荆棘满路，我也奋不顾身，用爱去浇灌我们的"花朵"。

图书在版编目（ＣＩＰ）数据

让每一颗种子向阳而生 / 江汉魅力教师书系编委会
编.-- 武汉 ：长江文艺出版社， 2019.12
（回归教育本真：江汉魅力教师书系）
ISBN 978-7-5702-1324-5

Ⅰ.①让… Ⅱ.①江… Ⅲ.①小学－班主任工作－案
例 Ⅳ.①G625.1

中国版本图书馆 CIP 数据核字(2019)第 263730 号

责任编辑：叶　露　　　　　　　责任校对：毛　娟
封面设计：笑笑生设计　　　　　　责任印制：邱　莉　　胡丽平

出版：长江出版传媒　　长江文艺出版社

地址：武汉市雄楚大街 268 号　　　邮编：430070
发行：长江文艺出版社
http://www.cjlap.com
印刷：湖北新华印务有限公司

开本：880 毫米×1240 毫米　　1/32　　印张：5.625　　插页：2 页
版次：2019 年 12 月第 1 版　　　　2019 年 12 月第 1 次印刷

定价：38.00 元